en poche

INSTITUTIONS DE L'UNION EUROPÉENNE

2018
2019

Dominique Grandguillot

Gualino
une marque de Lextenso

Du même auteur, dans la même collection

- *Social*, 12e éd. 2018.
- *Paie*, 8e éd. 2018.
- *Institutions de l'Union européenne*, 10e éd. 2018-2019.
- *Institutions de la Ve République*, 10e éd. 2018-2019.
- *Collectivités territoriales en France*, 7e éd. 2018-2019.

Dominique Grandguillot a plusieurs années d'expérience dans la formation supérieure. Il est auteur de plusieurs ouvrages dans le domaine juridique. Il intervient en tant qu'enseignant.

Suivez-nous sur

70, rue du Gouverneur Général Éboué
92131 Issy-les-Moulineaux cedex
ISBN 978-2-297-06949-6
ISSN 1962-6428

Sommaire

De l'Europe des 28 à l'Europe des 27

Le 23 juin 2016, le Royaume-Uni a approuvé, par référendum, son retrait de l'Union européenne (le « *Brexit* » abréviation de « *British Exit* »).

Le 29 mars 2017, le Royaume-Uni, par l'intermédiaire de son représentant permanent auprès de l'Union européenne, a remis la lettre actant le déclenchement de l'article 50 du traité sur l'Union européenne fixant les modalités de la procédure de retrait de l'Union européenne. Ce déclenchement marque le point de départ des négociations conduisant à la sortie du Royaume-Uni de l'Union européenne. Pendant cette période de négociation, dont la durée ne peut excéder 2 ans, le Royaume-Uni reste membre de l'Union européenne et est donc toujours soumis aux traités européens.

Le Royaume-Uni a fixé au 29 mars 2019, minuit, sa sortie officielle de l'UE. Une période de transition, destinée à amortir la sortie du Royaume-Uni de l'UE, démarrera le 30 mars 2019 pour s'achever le 31 décembre 2020.

1 PRÉSENTATION DE L'UNION EUROPÉENNE

L'UNION EUROPÉENNE (UE)

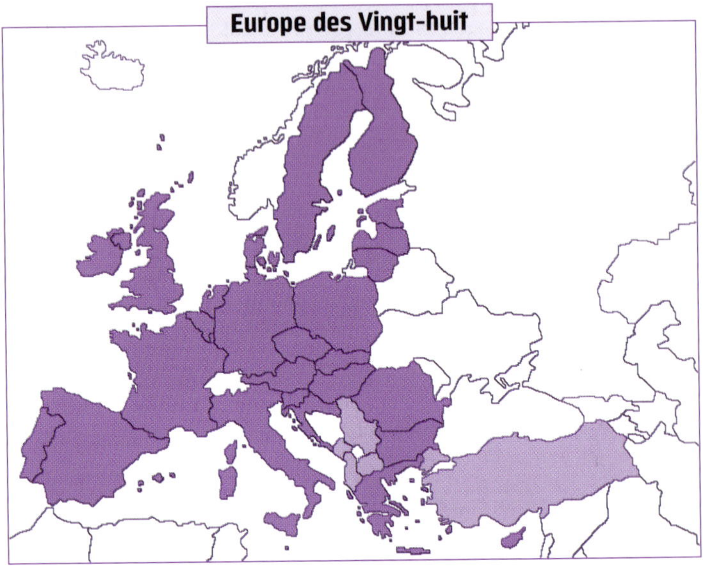

Europe des Vingt-huit

Pays candidats : 2005 : Turquie et République de Macédoine ; 2010 : Monténégro ; 2012 : Serbie ; 2014 : Albanie

De l'Europe des 6 à l'Europe des 28

1958 : Europe des 6 : pays fondateurs : Allemagne, Belgique, France, l'Italie, Luxembourg et Pays-Bas.

1973 : Europe des 9 : adhésions : Danemark, Irlande et Royaume-Uni.

1981 : Europe des 10 : adhésion : Grèce.

1986 : Europe des 12 : adhésions : Espagne et Portugal.

1995 : Europe des 15 : adhésions : Autriche, Suède et Finlande.

2004 : Europe des 25 : adhésions : Chypre, Estonie, Hongrie, Lettonie, Lituanie, Malte, Pologne, Slovaquie, Slovénie et République tchèque.

2007 : Europe des 27 : adhésions : Bulgarie et Roumanie.

2013 : Europe des 28 : adhésion : Croatie.

L'Union européenne compte plus de 506 millions d'habitants.

Langues officielles de l'Union européenne

Les langues officielles de l'Union sont *au nombre de 24* : l'allemand, l'anglais, le bulgare, le croate, le danois, l'espagnol, l'estonien, le finnois, le français, l'irlandais, le grec, le hongrois, l'italien, le letton, le lituanien, le maltais, le néerlandais, le polonais, le portugais, le roumain, le slovaque, le slovène, le suédois et le tchèque.

La législation européenne est publiée dans toutes ces langues et le citoyen a le choix de correspondre avec les institutions de l'Union dans celle de son choix.

TRAITÉS DE L'UNION EUROPÉENNE

Le Traité de Lisbonne, signé le 13 décembre 2007, ne se substitue pas aux traités existants ; il les complète et les améliore par une série d'amendements apportés au :

- ***Traité sur l'Union européenne (TUE)*** : c'est le cadre général de l'Union européenne et les principes essentiels qui la structurent ;
- Traité instituant la Communauté européenne qui devient le ***Traité sur le Fonctionnement de l'Union européenne (TFUE)*** : il s'agit des modalités pratiques de la mise en œuvre des principes posés par le TUE ; c'est le fonctionnement quotidien de l'Union.

VALEURS DE L'UNION EUROPÉENNE

L'Union européenne est fondée sur les valeurs suivantes :

- ***le respect de la dignité humaine*** ;
- ***la liberté*** ;
- ***la démocratie*** ;
- ***l'égalité*** ;
- ***l'État de droit*** ;
- ***le respect des droits de l'homme***, y compris des droits des personnes appartenant à des minorités.

Ces valeurs sont communes aux États membres dans une société caractérisée par le pluralisme, la non-discrimination, la tolérance, la justice, la solidarité et l'égalité entre les femmes et les hommes.

OBJECTIFS DE L'UNION EUROPÉENNE

→ ***Promouvoir la paix, ses valeurs et le bien-être de ses peuples***.

→ ***Offrir un espace de liberté, de sécurité et de justice sans frontières intérieures***, au sein duquel est assurée la libre circulation de ses citoyens.

→ ***Établir un marché intérieur*** avec pour perspectives :

- un développement durable fondé sur une croissance économique équilibrée, sur une économie sociale de marché compétitive tendant au plein emploi et au progrès social et sur une amélioration de la qualité de l'environnement ;
- le progrès scientifique et technique ;
- la lutte contre l'exclusion sociale et les discriminations ;
- la justice et la protection sociales, l'égalité entre les femmes et les hommes, la solidarité entre les générations et la protection des droits de l'enfant ;
- la cohésion économique, sociale et territoriale, et la solidarité entre les États membres ;
- le respect de sa diversité culturelle et linguistique, et la sauvegarde et le développement de son patrimoine culturel.

→ ***Établir une Union économique et monétaire dont la monnaie est l'euro***.

→ ***Affirmer et promouvoir ses valeurs et intérêts et contribuer à la protection de ses citoyens dans ses relations avec le reste du monde***. L'Union contribue à la paix, à la sécurité, au développement durable de la planète, à la solidarité et au respect mutuel entre les peuples, au commerce libre et équitable, à l'élimination de la pauvreté et à la protection des droits de l'homme, au respect et au développement du droit international, notamment des principes de la Charte des Nations unies.

L'Union poursuit ses objectifs par des moyens appropriés, en fonction des compétences qui lui sont attribuées dans les traités.

Le Traité de Lisbonne octroie la personnalité juridique à l'Union européenne ce qui lui permet d'accroître son rôle sur la scène internationale et de promouvoir ses valeurs et ses intérêts.

INSTITUTIONS DE L'UNION EUROPÉENNE

L'Union dispose d'un cadre institutionnel visant à promouvoir ses valeurs, poursuivre ses objectifs, servir ses intérêts, ceux de ses citoyens, et ceux des États membres, ainsi qu'à assurer la cohérence, l'efficacité et la continuité de ses politiques et de ses actions.

Les institutions de l'Union sont :

- ***le Parlement européen*** ;
- ***le Conseil européen*** ;
- ***le Conseil*** ;
- ***la Commission européenne*** ;
- ***la Cour de justice de l'Union européenne*** ;
- ***la Banque centrale européenne*** ;
- ***la Cour des comptes***.

FONCTIONNEMENT DES INSTITUTIONS DE L'UE

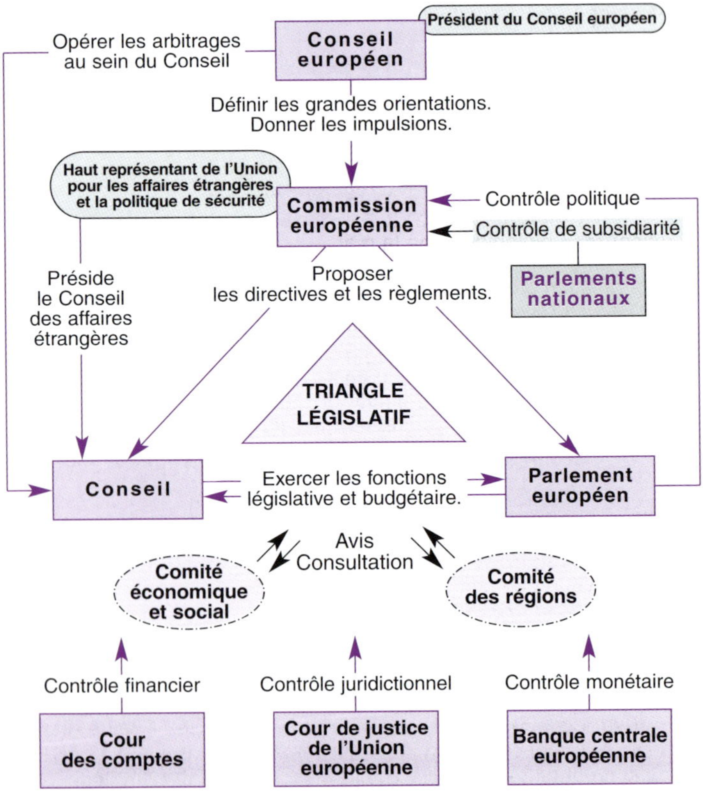

COMPÉTENCES DE L'UNION EUROPÉENNE

L'Union européenne dispose :

- ***de compétences exclusives*** : seule l'Union peut légiférer et adopter des actes juridiquement contraignants. Les États membres ne peuvent le faire par eux-mêmes que s'ils sont habilités par l'Union, ou pour mettre en œuvre les actes de l'Union ;
- ***de compétences partagées entre l'Union et les États membres*** : les États membres exercent leur compétence dans la mesure où l'Union n'a pas exercé la sienne ou dans la mesure où l'Union a décidé de cesser d'exercer la sienne ;
- ***de compétences pour mener des actions pour appuyer, coordonner ou compléter l'action des États membres***, sans pour autant remplacer leur compétence dans ces domaines.

Le principe de subsidiarité : l'Union n'agit – sauf pour les domaines de sa compétence exclusive – que lorsque son action est plus efficace qu'une action entreprise au niveau national, régional ou local.

Compétences exclusives
• L'union douanière. • L'établissement des règles de concurrence pour le marché intérieur. • La politique monétaire pour les États membres ayant opté pour l'euro. • La conservation des ressources biologiques de la mer dans le cadre de la politique commune de la pêche. • La politique commerciale commune. • La conclusion d'un accord international correspondant à l'exercice d'une compétence interne exclusive.
Compétences partagées
• Le marché intérieur. • La politique sociale, pour les aspects définis par les traités. • La cohésion économique, sociale et territoriale. • L'agriculture et la pêche, à l'exclusion de la conservation des ressources biologiques de la mer. • L'environnement. • La protection des consommateurs. • Les transports et les réseaux transeuropéens. • L'énergie. • L'espace de liberté, de sécurité et de justice. • Les enjeux communs de sécurité en matière de santé publique. • La recherche, le développement technologique et l'espace. • La coopération au développement et l'aide humanitaire.
Actions d'appui, de coordination ou de complément
• La protection et l'amélioration de la santé humaine. • L'industrie. • L'éducation, la formation professionnelle, la jeunesse et le sport, la culture et le tourisme. • La protection civile. • La coopération administrative.

Deux politiques bénéficient d'un régime spécifique :

- ***les politiques économiques et de l'emploi*** : les États coordonnent au sein de l'Union leurs politiques nationales ;
- ***la politique étrangère et de sécurité commune*** : l'Union dispose d'une compétence pour la définir et la mettre en œuvre, y compris la définition progressive d'une politique de défense commune.

PRIMAUTÉ DU DROIT DE L'UNION EUROPÉENNE

Les traités de l'Union européennes et le droit adopté par les institutions européennes sur la base des traités priment le droit des États membres.

Le principe de la primauté du droit européen sur le droit national a été consacré par la jurisprudence constante de la Cour de justice de l'Union européenne. Il découle de cette jurisprudence que la primauté du droit de européen est un principe fondamental dudit droit. Ce principe est inhérent à la nature particulière de l'Union européenne.

Le fait que le principe de primauté ne soit pas inscrit dans les traités de l'Union ne modifie en rien l'existence de ce principe ni la jurisprudence en vigueur de la Cour de justice de l'Union européenne.

ÉGALITÉ DES ÉTATS MEMBRES DE L'UE

L'Union européenne doit :

- ***respecter l'égalité des États membres devant les traités*** : cette égalité se traduit notamment dans les règles de composition et de fonctionnement des institutions européennes ;
- ***respecter l'identité nationale des États membres***, inhérente à leurs structures fondamentales politiques et constitutionnelles, ***y compris en ce qui concerne l'autonomie locale et régionale*** ;
- ***respecter les fonctions essentielles des États membres***, notamment les fonctions qui ont pour objet :
  - d'assurer l'intégrité territoriale ;
  - de maintenir l'ordre public ;
  - de sauvegarder la sécurité nationale. Cette dernière reste de la seule responsabilité de chaque État membre.

En vertu du principe de coopération loyale, l'Union européenne et les États membres se respectent et s'assistent mutuellement dans l'accomplissement des missions découlant des traités.

Les États membres doivent :

- prendre toute mesure générale ou particulière propre à assurer l'exécution des obligations découlant des traités ou résultant des actes des institutions de l'Union ;
- faciliter l'accomplissement par l'Union de sa mission et s'abstenir de toute mesure susceptible de mettre en péril la réalisation des objectifs de l'Union.

APPARTENANCE À L'UNION EUROPÉENNE

Les traités contiennent les dispositions relatives :

- ***à la procédure d'adhésion*** d'un État à l'Union européenne ;
- ***à la procédure de suspension*** des droits d'appartenance à l'Union européenne d'un État membre ;
- ***à la procédure de retrait volontaire*** de l'Union européenne d'un État membre.

Procédure d'adhésion

Tout État européen qui respecte les valeurs de l'Union européenne et s'engage à les promouvoir peut demander son adhésion à l'Union.

Le Parlement européen et les parlements nationaux sont informés de cette demande. L'État demandeur adresse sa demande au Conseil, lequel se prononce à l'unanimité après avoir consulté la Commission et après approbation du Parlement européen qui se prononce à la majorité des membres qui le composent.

Les critères d'éligibilité à remplir par le pays candidat sont :

Critère politique	La présence d'institutions stables garantissant la démocratie, l'État de droit, les droits de l'homme, le respect des minorités et leur protection.
Critère économique	L'existence d'une économie de marché viable et la capacité à faire face à la pression concurrentielle et aux forces du marché à l'intérieur de l'Union.
Critère de l'acquis communautaire	L'aptitude à assumer les obligations découlant de l'adhésion – c'est-à-dire la reprise de l'ensemble du droit et de la politique de l'Union : ***l'acquis communautaire*** – et, notamment, à souscrire aux objectifs de l'Union politique, économique et monétaire.

Les conditions de l'admission et les adaptations qu'elle entraîne font l'objet d'un accord entre les États membres et l'État demandeur. Cet accord est soumis à la ratification par tous les États contractants, conformément à leurs règles constitutionnelles respectives.

Procédure de suspension

La suspension des droits d'appartenance à l'Union européenne peut intervenir lorsqu'un État membre porte atteinte aux valeurs européennes.

Deux procédures existent selon la gravité de l'atteinte :

- ***l'existence d'un risque clair de violation grave par un État membre des valeurs européennes*** : sur proposition motivée d'un tiers des États membres, du Parlement européen ou de la Commission, le Conseil, statuant à la majorité des 4/5e de ses membres après approbation du Parlement européen, peut constater l'existence d'un tel risque. Avant de procéder à cette constatation, il entend l'État en question et peut lui adresser des recommandations, en statuant selon la même procédure.

  Le Conseil vérifie régulièrement si les motifs qui ont conduit à une telle constatation restent valables ;
- ***l'existence d'une violation grave et persistante par un État membre des valeurs européennes*** : sur proposition d'un tiers des États membres ou de la Commission et après approbation du Parlement européen, le ***Conseil européen***, statuant à l'unanimité, peut constater l'existence d'une telle violation après avoir invité cet État à présenter toute observation en la matière. Lorsque la constatation a été faite, le Conseil, statuant à la majorité qualifiée, peut décider de suspendre certains des droits découlant de l'application des traités à l'État en question.

  Les obligations qui incombent à l'État membre en question au titre des traités restent contraignantes pour cet État.

Procédure de retrait de l'Union européenne

Tout État membre peut décider de se retirer de l'Union, conformément à ses règles constitutionnelles. Il notifie son intention au Conseil européen.

À la lumière des orientations du Conseil européen, l'Union négocie et conclut avec cet État un accord fixant les modalités de son retrait, en tenant compte de ses relations futures avec l'Union. Il est conclu par le Conseil, statuant à la majorité qualifiée, après approbation du Parlement européen (l'État concerné ne participe ni aux délibérations ni aux décisions).

Les traités cessent d'être applicables à l'État concerné à partir de la date d'entrée en vigueur de l'accord de retrait ou, à défaut, 2 ans après la notification de retrait, sauf si le Conseil européen, en accord avec l'État membre concerné, décide à l'unanimité de proroger ce délai.

Si l'État qui s'est retiré de l'Union européenne demande à adhérer à nouveau, sa demande est soumise à la procédure d'adhésion.

VIE DÉMOCRATIQUE DANS L'UNION EUROPÉENNE

Droit des citoyens de l'Union européenne

Il est institué une citoyenneté de l'Union. Est citoyen de l'Union européenne toute personne ayant la nationalité d'un État membre. La citoyenneté de l'Union s'ajoute à la citoyenneté nationale et ne la remplace pas. Tout citoyen de l'Union européenne jouit des droits et est soumis aux devoirs prévus par les traités. Il a, entre autres :

- le droit de circuler et de séjourner librement sur le territoire des États membres ;
- le droit de vote et d'éligibilité aux élections au Parlement européen ainsi qu'aux élections municipales ;
- le droit à la protection diplomatique et consulaire ;
- le droit d'adresser des pétitions au Parlement européen ;
- le droit d'initiative citoyenne auprès de la Commission pour l'inviter à soumettre une proposition d'acte juridique sur un sujet particulier ;
- le droit de recourir au médiateur européen ;
- le droit de s'adresser aux institutions et aux organes consultatifs de l'Union dans l'une des langues des traités et de recevoir une réponse dans la même langue ;
- le droit de faire connaître et d'échanger publiquement leurs opinions dans tous les domaines d'action de l'Union ;
- le droit d'accès aux documents des institutions européennes…

Les fondements démocratiques de l'Union européenne sont :

- ***le principe de l'égalité des citoyens*** : les citoyens de l'Union européenne bénéficient d'une égale attention de ses institutions, organes et organismes ;
- ***le principe de démocratie représentative*** : les citoyens sont directement représentés, au niveau de l'Union, au Parlement européen. Les partis politiques au niveau européen contribuent à l'expression de la volonté des citoyens de l'Union ;
- ***le principe de démocratie participative*** : tout citoyen a le droit de participer à la vie démocratique de l'Union ;
- ***le principe de transparence*** : les décisions des différentes instances de l'Union sont prises aussi ouvertement que possible (délibération et vote en public, publication des rapports sur lesquels repose la décision prise, motivation des décisions adoptées…).

La Charte des droits fondamentaux

L'Union reconnaît les droits, les libertés et les principes énoncés dans la Charte des droits fondamentaux, adoptée le 12 décembre 2007, laquelle a la ***même valeur juridique que les traités***. Ses dispositions s'appliquent aux institutions et organes de l'Union et aux États membres lorsqu'ils mettent en œuvre le droit européen. La Charte n'établit pas de nouveau pouvoir pour l'Union.

La Charte reprend en un texte unique l'ensemble des droits civiques, politiques, économiques et sociaux des citoyens européens ainsi que de toutes les personnes vivant sur le territoire de l'Union, qui sont définis en tant que valeurs communes de l'Union. Les droits repris par la Charte sont regroupés en 6 grands chapitres :

Dignité
Dignité humaine, droit à la vie, droit à l'intégrité de la personne, interdiction de la torture et des peines ou traitements inhumains ou dégradants, interdiction de l'esclavage et du travail forcé.
Libertés
Droit à la liberté et à la sûreté, respect de la vie privée et familiale, protection des données à caractère personnel, droit de se marier et de fonder une famille, liberté de pensée, de conscience et de religion, liberté d'expression et d'information, liberté de réunion et d'association, liberté des arts et des sciences, droit à l'éducation, liberté professionnelle et droit au travail, liberté d'entreprise, droit de propriété, droit d'asile, protection en cas d'éloignement, d'expulsion et d'extradition.
Égalité
Égalité devant la loi, non-discrimination, diversité culturelle, religieuse et linguistique, égalité entre hommes et femmes, droits de l'enfant, droits des personnes âgées, intégration des personnes handicapées.
Solidarité
Droits à l'information et à la consultation des travailleurs au sein de l'entreprise, droit de négociation et d'actions collectives, droit d'accès aux services de placement, protection en cas de licenciement injustifié, conditions de travail justes et équitables, interdiction du travail des enfants et protection des jeunes au travail, vie familiale et professionnelle, sécurité et assistance sociales, protection de la santé, accès aux services d'intérêt économique général, protection de l'environnement, protection des consommateurs.
Citoyenneté
Droit de vote et d'éligibilité aux élections du Parlement européen et aux élections municipales, droit à une bonne administration, droit d'accès aux documents, médiateur européen, droit de pétition, liberté de mouvement et de séjour, protection diplomatique et consulaire.
Justice
Droit à un recours effectif et à accéder à un tribunal impartial, présomption d'innocence et droits de la défense, principe de légalité et de proportionnalité des délits et des peines, droit à ne pas être jugé ou puni pénalement deux fois pour une même infraction.

L'Union adhère aussi à la Convention européenne de sauvegarde des droits de l'Homme et des libertés fondamentales. Les droits fondamentaux, tels qu'ils sont garantis par la Convention et tels qu'ils résultent des traditions constitutionnelles communes aux États membres, font partie du droit de l'Union en tant que principes généraux.

2 Le Conseil européen

Rôle du Conseil européen

Le Conseil européen est une institution de l'Union à part entière. Il ***donne à l'Union les impulsions nécessaires à son développement*** et en ***définit les orientations et les priorités politiques générales***.
Le Conseil européen n'exerce pas de fonction législative.

Composition du Conseil européen

Le Conseil européen est composé :

- ***des chefs d'État ou de gouvernement des États membres*** ;
- ***du président du Conseil européen*** ;
- ***du président de la Commission européenne***.

Le Haut représentant de l'Union pour les affaires étrangères et la politique de sécurité participe aux travaux du Conseil européen.

Président du Conseil européen

Nomination

Le Conseil européen élit son président à la majorité qualifiée pour une durée de 2,5 ans, renouvelable une fois. En cas d'empêchement ou de faute grave, il peut mettre fin à son mandat selon la même procédure.
Le président ne peut pas exercer de mandat national.

Attributions

Les attributions du président du Conseil européen sont les suivantes :

- ***présider et animer*** les travaux du Conseil européen ;
- ***assurer*** la préparation et la continuité des travaux du Conseil européen en coopération avec le président de la Commission, et sur la base des travaux du Conseil des affaires générales ;
- ***œuvrer*** pour faciliter la cohésion et le consensus au sein du Conseil européen ;
- ***présenter*** au Parlement européen un rapport à la suite de chacune des réunions du Conseil européen ;
- ***assurer***, à son niveau et en sa qualité, la représentation extérieure de l'Union pour les matières relevant de la politique étrangère et de sécurité commune, sans préjudice des attributions du Haut représentant de l'Union pour les affaires étrangères et la politique de sécurité.

Réunions du Conseil européen

Réunions

Le Conseil européen se réunit ***2 fois par semestre*** sur convocation de son président, à Bruxelles. Le président convoque une réunion extraordinaire du Conseil européen quand la situation l'exige.
Les membres du Conseil européen peuvent décider d'être assistés chacun par un ministre et, en ce qui concerne le président de la Commission, par un membre de celle-ci, lorsque l'ordre du jour l'exige.

Décisions

Lorsque le Conseil européen se prononce par un vote, son président et le président de la Commission n'y prennent pas part. Chaque membre du Conseil européen peut recevoir délégation de vote d'un seul des autres membres.

Les actes votés par le Conseil européen sont susceptibles d'un contrôle de la Cour de justice de l'Union européenne si ces actes relèvent de ses compétences.

Dès lors que le Conseil européen est amené à se prononcer, il statue :

- ***soit à la majorité simple*** pour les questions de procédure ainsi que pour l'adoption de son règlement intérieur ;
- ***soit par consensus*** (à l'unanimité) dans les cas prévus par les traités. L'abstention de membres présents ou représentés ne fait pas obstacle à l'adoption des délibérations du Conseil européen qui requièrent l'unanimité ;
- ***soit à la majorité qualifiée*** dans les cas prévus par les traités et selon les modalités qui sont applicables au Conseil lorsque celui-ci statue à la majorité qualifiée (*cf.* p. 16 et 17).

COMPÉTENCES DU CONSEIL EUROPÉEN

En matière de politiques générales
• Donner à l'Union les impulsions nécessaires à son développement et en définir les orientations et les priorités politiques générales, notamment sur les grandes orientations des politiques économiques des États membres et de l'Union, sur la situation de l'emploi dans l'Union, sur les orientations stratégiques de la programmation législative et opérationnelle dans l'espace de liberté, de sécurité et de justice…
En matière de politique étrangère et de sécurité commune
• Identifier les intérêts stratégiques de l'Union, fixer les objectifs et définir les orientations générales de la politique étrangère et de sécurité commune, y compris pour les questions ayant des implications en matière de défense et adopter les décisions nécessaires.
En matière institutionnelle
• Fixer la composition du Parlement européen, avec son approbation. • Proposer, à l'élection du Parlement européen, le candidat à la présidence de la Commission européenne. • Établir le système de rotation permettant de choisir les membres de la Commission européenne. • Désigner le Haut représentant de l'Union pour les affaires étrangères et la politique de sécurité. • Fixer la liste des formations du Conseil autres que celles prévues par les traités et les règles pour la présidence des formations du Conseil. • Autoriser après approbation du Parlement européen : – le Conseil à statuer à la majorité qualifiée dans un domaine où il devait statuer à l'unanimité ; – l'adoption d'actes par la procédure législative ordinaire au lieu de la procédure législative spéciale. • Convoquer une Conférence des représentants des gouvernements des États membres en vue d'arrêter les modifications à apporter aux traités. • Modifier les dispositions relatives aux politiques et actions internes du traité sur le fonctionnement de l'Union européenne.

3 Le Conseil

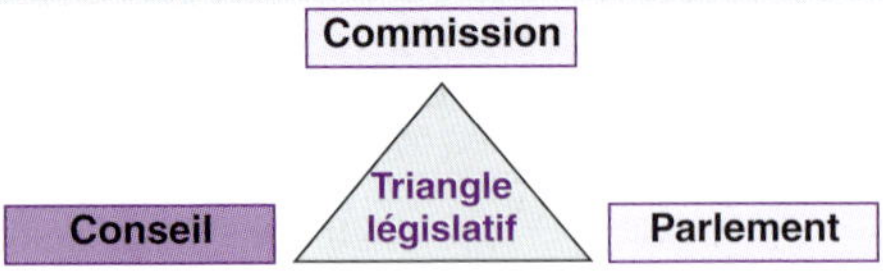

RÔLE DU CONSEIL

Le Conseil ***exerce, conjointement avec le Parlement européen, les fonctions législative et budgétaire***. Il exerce des fonctions de définition des politiques et de coordination conformément aux conditions prévues par les traités.

COMPOSITION DU CONSEIL

Le Conseil est composé d'***un représentant de chaque État membre au niveau ministériel***, habilité à engager le gouvernement de l'État membre qu'il représente et à exercer le droit de vote.

ORGANISATION DU CONSEIL

Formations du Conseil

Le Conseil siège, en général à Bruxelles, en différentes formations. En dehors des 2 premières formations ci-dessous, qui figurent dans les traités, le Conseil européen adopte à la majorité qualifiée la liste des autres formations du Conseil. Le Conseil compte ***10 formations*** :

- ***le Conseil des Affaires générales*** : il réunit les ministres des Affaires étrangères ou les ministre ou secrétaites d'État aux Affaires européennes. Il examine les dossiers qui affectent plus d'une politique de l'Union, comme la négociation avec les pays candidats, les questions institutionnelles ou administratives… Il assure aussi la cohérence des travaux des différentes formations du Conseil. Il prépare les réunions du Conseil européen et en assure le suivi en liaison avec le président du Conseil européen et la Commission européenne ;
- ***le Conseil des Affaires étrangères*** : il réunit les ministres des Affaires étrangères. Il est présidé par le Haut représentant de l'Union pour les affaires étrangères et la politique de sécurité. Il élabore l'action extérieure de l'Union selon les lignes stratégiques fixées par le Conseil européen et assure la cohérence de l'action de l'Union. Il se réunit environ une fois par mois ;
- ***le Conseil Affaires économiques et financière (ECOFIN)*** : il réunit les ministres de l'Économie et des Finances, ainsi que les ministres compétents en matière de budget lorsque des questions budgétaires sont à l'ordre du jour. Il couvre de nombreux domaines, tels la coordination de la politique économique, la surveillance économique, le contrôle de la politique budgétaire et des finances publiques des États membres, l'euro, les marchés financiers et les relations économiques avec les pays tiers. Il se réunit une fois par mois ;
- ***le Conseil Justice et Affaires intérieures (JAI)*** : il réunit les ministres de la Justice et les ministres de l'Intérieur. Il assure notamment la coopération judiciaire en matières civile et pénale et la coopération policière. Il se réunit environ tous les 2 mois ;

- ***le Conseil Emploi, Politique sociale, Santé et Consommateurs (EPSCO)*** : il réunit les ministres de l'Emploi, de la Protection sociale, de la Protection des consommateurs, de la Santé et de l'égalité des chances. Il élabore des règles européennes pour harmoniser ou coordonner les législations nationales, concernant notamment les conditions de travail, le renforcement des politiques nationales de prévention des maladies et de lutte contre des grands fléaux dans le domaine de la santé et la protection des consommateurs. Il se réunit environ 4 fois par an ;
- ***le Conseil Compétitivité (marché intérieur, industrie, recherche et espace)*** : il réunit, en fonction des points inscrits à l'ordre du jour, les ministres chargés des Affaires européennes, de l'Industrie, de la Recherche… Il traite les questions liées à la compétitivité et à la croissance dans l'Union européenne. Il se réunit environ 5 ou 6 fois par an ;
- ***le Conseil Transports, Télécommunications et Énergie (TTE)*** : il réunit, selon l'ordre du jour, les ministres chargés des Transports, des Télécommunications ou de l'Énergie. Il favorise la création dans ces domaines de systèmes modernes, efficaces et viables au niveau économique, social et environnemental. Il se réunit environ tous les 2 mois ;
- ***le Conseil Agriculture et Pêche*** : il réunit les ministres de l'Agriculture et de la Pêche, ainsi que les commissaires européens responsables de l'agriculture et du développement rural, de la pêche et des affaires maritimes ainsi que de la santé et de la protection des consommateurs. Il élabore des actes législatifs portant sur ces secteurs. Il se réunit une fois par mois ;
- ***le Conseil Environnement*** : il réunit les ministres de l'Environnement. Il contribue à un développement harmonieux, équilibré et durable des activités économiques qui respecte notamment l'assurance d'un niveau de vie élevé de qualité de l'environnement. Il se réunit environ 4 fois par an ;
- ***le Conseil Éducation, Jeunesse et Culture (EJC)*** : il réunit les ministres de l'Éducation, de la Culture, de la Jeunesse et de la Communication. Il contribue au développement d'une éducation de qualité, à la mise en œuvre d'une politique de formation professionnelle et à l'épanouissement des cultures des États membres. Il se réunit environ 3 ou 4 fois par an.

La préparation des travaux du Conseil est assuré par le comité des représentants permanents des gouvernements des États membres.

Présidence du Conseil

La présidence des formations du Conseil, à l'exception de celle des affaires étrangères, est assurée :

Pour une période de 18 mois	***Par des groupes prédéterminés de 3 États membres*** : les groupes sont composés par rotation égale des États, en tenant compte de leur diversité et des équilibres géographiques au sein de l'Union.
Pour une période de 6 mois	***Par chacun des membres du groupe***, les autres membres du groupe assistant la présidence dans toutes ses responsabilités, sur la base d'un programme commun. Les membres du groupe peuvent convenir entre eux d'autres arrangements.

Le Conseil européen adopte à la majorité qualifiée une décision relative à la présidence des formations du Conseil.

Sessions du Conseil

Le Conseil se réunit sur convocation de son président à l'initiative de celui-ci, d'un de ses membres ou de la Commission.

Le Conseil ***siège en public*** lorsqu'il délibère et vote sur un projet d'acte législatif. À cet effet, chaque session du Conseil est divisée en deux parties, consacrées respectivement aux délibérations sur les actes législatifs de l'Union et aux activités non législatives.

COMPÉTENCES DU CONSEIL

Le Conseil a un rôle de décision et de coordination. Les compétences du Conseil sont les suivantes :

- ***exercer un pouvoir législatif*** conjointement avec le Parlement européen, dans la plupart des cas, selon la procédure législative ordinaire ou la procédure législative spéciale ;
- ***assurer la coordination des politiques économiques*** générales des États membres ;
- ***constituer***, avec le Parlement européen, l'autorité budgétaire qui arrête le budget de l'Union européenne ;
- ***conclure***, au nom de l'Union, ***les accords internationaux*** entre celle-ci et un ou plusieurs États ou organisations internationales ;
- ***assurer la coordination*** de l'action des États membres et ***adopter les mesures dans le domaine de la coopération policière et judiciaire en matière pénale*** ;
- ***définir et mettre en œuvre la politique étrangère et de sécurité commune (PESC)***, sur la base des orientations générales définies par le Conseil européen.

DÉCISION DU CONSEIL À LA MAJORITÉ QUALIFIÉE

Le Conseil ***statue à la majorité qualifiée***, sauf dans les cas où les traités en disposent autrement. Le Traité de Lisbonne a considérablement accru le champ de la majorité qualifiée. Les dispositions du Traité de Lisbonne relatives à la définition de la majorité qualifiée ont pris effet le 1er novembre 2014.

La majorité qualifiée est un système à double majorité défini comme suit :

Tous les membres du Conseil participent au vote

Le Conseil statue sur proposition de la Commission ou du Haut représentant de l'Union

OUI →

Majorité qualifiée : 2 conditions
au moins 55 %
des membres du Conseil ;
réunissant au moins 65 %
de la population de l'Union.

NON →

Majorité qualifiée : 2 conditions
au moins 72 %
des membres du Conseil ;
réunissant au moins 65 %
de la population de l'Union.

Minorité de blocage *: au moins 4 membres du Conseil, faute de quoi la majorité qualifiée est réputée acquise.*

Tous les membres du Conseil ne participent pas au vote

Le Conseil statue sur proposition de la Commission ou du Haut représentant de l'Union

OUI →

Majorité qualifiée : 2 conditions
au moins 55 %
des membres participants du Conseil ;
réunissant au moins 65 %
de la population de ces États.

NON →

Majorité qualifiée : 2 conditions
au moins 72 %
des membres participants du Conseil ;
réunissant au moins 65 %
de la population de ces États.

Minorité de blocage *: au moins le nombre minimum de membres du Conseil représentant plus de 35 % de la population des États membres participants, plus un membre, faute de quoi la majorité qualifiée est réputée acquise.*

Chaque membre du Conseil peut recevoir délégation de vote d'un seul des autres membres.

Le compromis de Ioannina permet à des membres du Conseil proches de la minorité de blocage d'indiquer leur opposition à l'adoption d'une décision à la majorité qualifiée. Dans ce cas, le Conseil délibère.

Au cours de cette délibération, le Conseil fait tout ce qui est en son pouvoir pour aboutir, dans un délai raisonnable, et sans porter préjudice aux limites obligatoires de temps fixées par le droit de l'Union, à une solution satisfaisante pour répondre aux préoccupations soulevées par les membres du Conseil ayant constitué la minorité de blocage.

Le seuil d'invocation du mécanisme de Ioannina est le suivant : ***représenter au moins 55 % de la population, ou au moins 55 % du nombre des États membres. nécessaires pour constituer une minorité de blocage*** :

- soit 55 % de 45 % des membres du Conseil ou des membres participants du Conseil, c'est-à-dire, 25 % ;
- soit 55 % de 35 % de la population de l'Union ou de la population des membres participants, c'est-à-dire 19 %.

AUTRES MODES DE DÉCISION AU SEIN DU CONSEIL

Chaque membre du Conseil peut recevoir délégation de vote d'un seul des autres membres.

Vote à la majorité simple

Le Conseil statue ***à la majorité simple*** (vote favorable de 15 États membres) notamment pour l'adoption de son règlement intérieur, pour les questions de procédure ou pour demander à la Commission de procéder à toutes études qu'il juge opportunes pour la réalisation des objectifs communs et de lui soumettre toutes propositions appropriées...

Vote par consensus

Le Conseil statue ***par consensus*** (à l'unanimité) notamment pour les questions concernant la fiscalité, la sécurité sociale, la politique étrangère, la défense commune… L'abstention de membres présents ou représentés ne fait pas obstacle à l'adoption des délibérations du Conseil qui requièrent l'unanimité.

La clause passerelle : le Conseil européen peut adopter une décision autorisant le Conseil à statuer à la majorité qualifiée dans un domaine ou dans un cas où l'unanimité était initialement requise (sauf décisions ayant des implications militaires ou dans le domaine de la défense).

4 Le Haut représentant de l'Union pour les affaires étrangères et la politique de sécurité

RÔLE DU HAUT REPRÉSENTANT

Le Haut représentant de l'Union pour les affaires étrangères et la politique de sécurité ***conduit la politique étrangère et de sécurité commune (PESC) de l'Union***. Il contribue par ses propositions à l'élaboration de cette politique et l'exécute en tant que mandataire du Conseil. Il agit de même pour ***la politique de sécurité et de défense commune (PSDC)***.

NOMINATION DU HAUT REPRÉSENTANT

Il est nommé par le Conseil européen, statuant à la majorité qualifiée, avec l'accord du président de la Commission européenne pour un mandat de ***5 ans***. Le Conseil européen peut mettre fin à son mandat selon la même procédure.

FONCTIONS DU HAUT REPRÉSENTANT

- ***Participer aux travaux du Conseil européen***.
- ***Conduire la politique étrangère et de sécurité commune de l'Union (PESC)***.
- ***Contribuer par ses propositions à l'élaboration de cette politique et l'exécuter en tant que mandataire du Conseil*** ainsi que d'assurer la mise en œuvre des décisions adoptées dans ce domaine.
- ***Présider le Conseil des affaires étrangères***.
- ***Être l'un des vice-présidents de la Commission européenne***. Veiller à la cohérence de l'action extérieure de l'Union. Être chargé, au sein de la Commission européenne, des responsabilités qui incombent à cette dernière dans le domaine des relations extérieures et de la coordination des autres aspects de l'action extérieure de l'Union.
- ***Représenter l'Union pour les matières relevant de la politique étrangère et de sécurité commune de l'Union***, conduire au nom de l'Union le dialogue politique avec les tiers et exprimer la position de l'Union dans les organisations internationales et au sein des conférences internationales.
- ***Exercer son autorité sur le service européen pour l'action extérieure (SEAE) et sur les délégations de l'Union dans les pays tiers*** et auprès des organisations internationales.

SERVICE EUROPÉEN POUR L'ACTION EXTÉRIEURE (SEAE)

Le service européen pour l'action extérieure (SEAE) est un organe de l'Union fonctionnant de manière autonome. Placé sous l'autorité du Haut représentant, il le soutient dans l'accomplissement de son mandat.

Le SEAE est composé d'une administration centrale, dont le siège est à Bruxelles, et des délégations de l'Union auprès de pays tiers et d'organisations internationales. Son personnel, nommé par le Haut représentant, provient des services compétents du Secrétariat général du Conseil, de la Commission et des services diplomatiques nationaux.

5 La Commission européenne

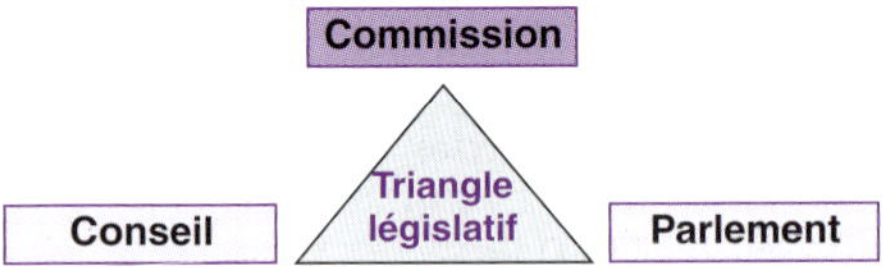

Rôle de la Commission européenne

La Commission européenne a pour mission principale de ***promouvoir l'intérêt général de l'Union européenne***. Elle prend les initiatives appropriées à cette fin.

La Commission européenne a ***l'initiative législative*** : un acte législatif de l'Union ne peut être adopté que sur sa proposition, sauf dans les cas où les traités en disposent autrement. Les autres actes sont adoptés sur sa proposition lorsque les traités le prévoient.

Composition de la Commission européenne

Le siège de la Commission européenne se trouve à Bruxelles.
La composition de la Commission européenne est la suivante :

Jusqu'au 31 octobre 2014

La Commission était ***composée d'un ressortissant de chaque État membre***, y compris son président et le Haut représentant de l'Union pour les affaires étrangères et la politique de sécurité, qui en était l'un des vice-présidents.

Depuis le 1er novembre 2014

Le traité de Lisbonne prévoyait que la Commission devait être ***composée d'un nombre de membres***, y compris son président et le Haut représentant, ***correspondant aux 2/3 du nombre d'États membres***, à moins que le Conseil européen, statuant à l'unanimité, ne décide de modifier ce nombre.

Les membres de la Commission devaient être ***choisis selon un système de rotation***, établi à l'unanimité par le Conseil européen, se fondant sur les principes suivants :

- les États membres devaient être traités sur un strict pied d'égalité pour la détermination de l'ordre de passage et du temps de présence de leurs ressortissants au sein de la Commission ; en conséquence, l'écart entre le nombre total des mandats détenus par les ressortissants de 2 États membres donnés ne pouvait jamais être supérieur à 1 ;
- chacune des Commissions successives devait être constituée de manière à refléter de façon satisfaisante l'éventail démographique et géographique de l'ensemble des États membres.

⚠ Dans ses conclusions, le Conseil européen de décembre 2008 (réitérées en juin 2009) a prévu de faire en sorte que le nombre de commissaires européens reste égal à un par État membre.

NOMINATION DE LA COMMISSION EUROPÉENNE

Élection du président de la Commission

Le Conseil européen, statuant à la majorité qualifiée, ***propose au Parlement européen un candidat*** à la fonction de président de la Commission européenne, ***en tenant compte des résultats des élections au Parlement européen***.

Le candidat proposé doit être ***élu par le Parlement européen à la majorité des membres qui le composent***. Si ce candidat ne recueille pas la majorité, le Conseil européen, statuant à la majorité qualifiée, propose, dans un délai d'un mois, un nouveau candidat, qui est élu par le Parlement européen selon la même procédure.

Élection de la Commission

Le Conseil, d'un commun accord avec le président élu, adopte la liste des autres personnalités qu'il propose de nommer membres de la Commission. Son mandat est de ***5 ans***.

Le choix de ces personnalités s'effectue :

- sur la base des suggestions faites par les États membres ;
- en raison de leur compétence générale et de leur engagement européen ;
- en raison des garanties d'indépendance qu'elles offrent.

Le président, le Haut représentant de l'Union et les autres membres de la Commission sont ***soumis, en tant que collège, à un vote d'approbation du Parlement européen***.

Sur la base de cette approbation, la Commission européenne est nommée par le Conseil européen, statuant à la majorité qualifiée.

Motion de censure par le Parlement européen

Le Parlement européen, saisi d'une ***motion de censure sur la gestion de la Commission européenne***, ne peut se prononcer sur cette motion que 3 jours au moins après son dépôt et par un scrutin public.

Si la motion de censure est ***adoptée à la majorité des 2/3 des suffrages exprimés et à la majorité des membres*** qui composent le Parlement européen, les membres de la Commission doivent démissionner collectivement de leurs fonctions et le Haut représentant doit démissionner des fonctions qu'il exerce au sein de la Commission.

Ils restent en fonction et continuent à expédier les affaires courantes jusqu'à leur remplacement. Dans ce cas, le mandat des membres de la Commission nommés pour les remplacer expire à la date à laquelle aurait dû expirer le mandat des membres de la Commission obligés de démissionner collectivement de leurs fonctions.

COMPÉTENCES DE LA COMMISSION EUROPÉENNE

La Commission européenne ***exerce ses responsabilités en pleine indépendance***. Elle fonctionne selon le principe de la collégialité. Elle est collectivement responsable devant le Parlement européen.

Ses membres ne sollicitent ni n'acceptent d'instructions d'aucun gouvernement, institution, organe ou organisme. Ils s'abstiennent de tout acte incompatible avec le caractère de leurs fonctions ou l'exécution de leurs tâches.

Les États membres respectent leur indépendance et ne cherchent pas à les influencer dans l'exécution de leur tâche.

Compétences du président de la Commission

- ***Définir*** les orientations dans le cadre desquelles la Commission exerce sa mission.
- ***Décider*** de son organisation interne afin d'assurer la cohérence, l'efficacité et la collégialité de son action. Les responsabilités incombant à la Commission sont structurées et réparties entre ses membres par le président qui peut remanier cette répartition en cours de mandat. Ils exercent les fonctions qui leur sont dévolues par le président sous l'autorité de celui-ci.
- ***Nommer*** des vice-présidents, autres que le Haut représentant, parmi les membres de la Commission.
- ***Demander*** la démission d'un membre de la Commission.

Compétences de la Commission européenne

La Commission agit en tant que collège. Elle est compétente pour :

- ***proposer*** les actes législatifs au Conseil et au Parlement européen ;
- ***veiller*** à l'application des traités ainsi que des mesures adoptées par les institutions en vertu de ceux-ci ;
- surveiller l'application du droit de l'Union sous le contrôle de la Cour de justice de l'Union européenne ;
- ***exécuter*** le budget européen et gèrer les programmes ;
- exercer des fonctions de coordination, d'exécution et de gestion conformément aux conditions prévues par les traités ;
- ***assurer*** la représentation extérieure de l'Union, à l'exception de la politique étrangère et de sécurité commune et des autres cas prévus par les traités ;
- ***prendre*** les initiatives de la programmation annuelle et pluriannuelle de l'Union pour parvenir à des accords inter-institutionnels ;
- ***publier*** tous les ans, un mois au moins avant l'ouverture de la session du Parlement européen, un rapport général sur l'activité de l'Union. Le Parlement européen procède, en séance publique, à la discussion de ce rapport.

Lorsque les services de la Commission élaborent une proposition législative, celle-ci est soumise à l'avis du collège des commissaires. Les délibérations du collège des commissaires sont acquises à la majorité de ses membres, soit au moins 14 des 28 commissaires. Si la proposition est adoptée, elle est communiquée au Conseil et au Parlement européen qui, après en avoir débattu et apporté des modifications, décident de l'adopter ou non.

Lorsque la Commission ne comprendra plus des ressortissants de tous les États membres, elle devra :

- accorder une attention particulière à la nécessité :
  - de garantir une transparence absolue dans ses relations avec l'ensemble des États membres,
  - de partager les informations avec tous les États membres et de les consulter ;
- prendre les mesures utiles afin de garantir que les réalités politiques, sociales et économiques de tous les États membres, y compris ceux qui ne comptent pas de ressortissant parmi les membres de la Commission, sont pleinement prises en compte.

6 LE PARLEMENT EUROPÉEN

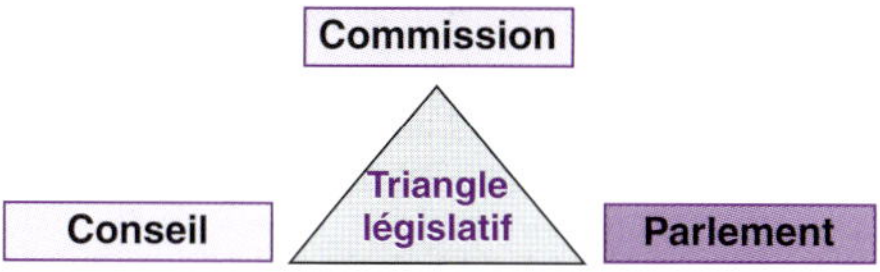

RÔLE DU PARLEMENT EUROPÉEN

Le Parlement européen ***exerce, conjointement avec le Conseil, les fonctions législative et budgétaire***.

Il exerce des ***fonctions de contrôle politique et consultatives*** conformément aux conditions prévues par les traités. Il élit le président de la Commission européenne.

COMPOSITION DU PARLEMENT EUROPÉEN

Le Parlement européen est ***composé de représentants des citoyens de l'Union***. Leur nombre ne dépasse pas ***750, plus le président***, soit un total de ***751 sièges***, à répartir entre les États membres.

La représentation des citoyens suit le principe de proportionnalité dégressive :

- ***un seuil minimum*** : un État membre se voit attribuer au moins ***6 sièges*** ;
- ***un seuil maximum*** : un État membre ne peut se voir attribuer plus de ***96 sièges***.

Le Conseil européen adopte à l'unanimité, sur initiative du Parlement européen et avec son approbation, une décision fixant la composition du Parlement européen. Les dernières élections européennes se sont tenues du 22 au 25 mai 2014.

Parlement européen pour la législature 2014-2019

États membres	Sièges
Allemagne	96
France	74
Italie, Royaume-Uni	73
Espagne	54
Pologne	51
Roumanie	32
Pays-Bas	26
Belgique, Grèce, Hongrie, Portugal, République tchèque	21
Suède	20
Autriche	18
Bulgarie	17
Danemark, Finlande, Slovaquie	13
Croatie, Irlande, Lituanie	11
Lettonie, Slovénie	8
Chypre, Estonie, Luxembourg, Malte	6

ÉLECTION DU PARLEMENT EUROPÉEN

Le mandat des députés européens est de ***5 ans***, renouvelable.

Contrairement aux dispositions des traités, l'élection des députés européens se déroule selon des modalités propres à chaque État membre et non pas selon une procédure uniforme dans tous les États membres. Cependant, la procédure électorale de chaque État membre doit respecter un certain nombre de principes communs :

- le droit de vote est fixé à 18 ans ou moins ;
- le suffrage est universel direct, libre, et secret ;
- le scrutin est un scrutin de liste de type proportionnel avec ou non la fixation d'un seuil minimal pour l'attribution de sièges (sans être supérieur à plus de 5 % des suffrages exprimés) ;
- tout citoyen de l'UE résidant dans un autre État que le sien a le droit de vote et d'éligibilité aux élections européennes dans cet État.

SESSIONS DU PARLEMENT EUROPÉEN

Session annuelle

Le Parlement européen tient une session annuelle. Il se réunit de plein droit le deuxième mardi de mars à Strasbourg. En pratique, il ne se réunit qu'une semaine par mois.

Session extraordinaire

Le Parlement européen se réunit, en période de session extraordinaire, à Bruxelles (Belgique), ***à la demande de la majorité des membres qui le composent, du Conseil ou de la Commission***.

Le Parlement européen ***siège en public*** lorsqu'il délibère et vote sur un projet d'acte législatif. Sauf dispositions contraires des traités, il statue à la majorité des suffrages exprimés.

ORGANISATION DU PARLEMENT EUROPÉEN

Le Parlement européen élit parmi ses membres, son président et son bureau. Il fixe le statut et les conditions générales d'exercice des fonctions de ses membres et détermine les modalités d'exercice de son droit d'enquête, après avis de la Commission européenne et avec l'approbation du Conseil. Il arrête son règlement intérieur à la majorité des membres qui le composent.

Les députés européens se regroupent en groupes politiques. Un groupe politique doit comporter au moins 25 députés élus dans au moins 1/4 des États membres. Il y a actuellement 8 goupes politiques au sein du Parlement européen.

La Commission européenne :

- peut assister à toutes les séances du Parlement européen ;
- est entendue par le Parlement européen à sa demande ;
- répond oralement ou par écrit aux questions qui lui sont posées par le Parlement européen ou par ses membres.

Le Conseil européen et le Conseil sont entendus par le Parlement européen dans les conditions prévues par le règlement intérieur du Conseil européen et par celui du Conseil.

Le Parlement européen et le Conseil, statuant par voie de règlements conformément à la procédure législative ordinaire, fixent le statut des partis politiques au niveau européen et notamment les règles relatives à leur financement.

COMPÉTENCES DU PARLEMENT EUROPÉEN

- ***Exercer un pouvoir législatif***, conjointement avec le Conseil, dans la plupart des cas, selon la procédure législative ordinaire, la procédure législative spéciale, l'approbation ou la consultation.
- ***Constituer***, avec le Conseil, ***l'autorité budgétaire*** qui arrête le budget de l'Union européenne.
- ***Élire*** le président de la Commission européenne.
- ***Voter*** une motion de censure sur la gestion de la Commission européenne qui si elle est adoptée provoque la démission de la Commission.
- ***Demander*** à la Commission européenne, à la majorité de ces membres, de soumettre toute proposition appropriée sur les questions qui lui paraissent nécessiter l'élaboration d'un acte de l'Union pour la mise en œuvre des traités. Si la Commission ne soumet pas de proposition, elle en communique les raisons au Parlement européen.
- ***Procéder***, en séance publique, à la discussion du rapport général annuel qui lui est soumis par la Commission européenne.
- ***Constituer***, à la demande d'un quart de ces membres, une commission temporaire d'enquête pour examiner, sans préjudice des attributions conférées par les traités à d'autres institutions ou organes, les allégations d'infraction ou de mauvaise administration dans l'application du droit de l'Union.
- ***Élire*** le médiateur européen.

MÉDIATEUR EUROPÉEN

Le médiateur est ***élu après chaque élection du Parlement européen pour la durée de la législature***. Son mandat est renouvelable. Il exerce ses fonctions en toute indépendance. Dans l'accomplissement de ses devoirs, il ne sollicite ni n'accepte d'instructions d'aucune institution, organe ou organisme.

Le médiateur est habilité à :

- ***recevoir les plaintes émanant de tout citoyen de l'Union*** ou de toute personne physique ou morale résidant ou ayant son siège statutaire dans un État membre et relatives à des cas de mauvaise administration dans l'action des institutions, organes ou organismes de l'Union, à l'exclusion de la Cour de justice de l'Union européenne dans l'exercice de ses fonctions juridictionnelles. Il instruit ces plaintes et rédige un rapport à leur sujet ;
- ***procéder aux enquêtes qu'il estime justifiées***, soit de sa propre initiative, soit sur la base des plaintes qui lui ont été présentées directement ou par l'intermédiaire d'un membre du Parlement européen, sauf si les faits allégués font ou ont fait l'objet d'une procédure juridictionnelle.

Dans les cas où le médiateur européen a constaté un cas de mauvaise administration, il saisit l'institution, l'organe ou l'organisme concerné, qui dispose d'un délai de 3 mois pour lui faire tenir son avis. Le médiateur transmet ensuite un rapport au Parlement européen et à l'institution concernée. La personne dont émane la plainte est informée du résultat de ces enquêtes.

Chaque année, le médiateur européen présente un rapport au Parlement européen sur les résultats de ses enquêtes.

7 Les procédures d'adoption

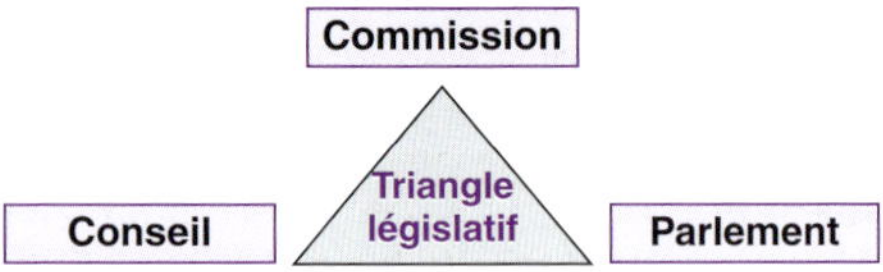

Actes juridiques de l'Union européenne

Pour exercer les compétences de l'Union européenne, les institutions adoptent les actes juridiques suivants :

- ***le règlement*** : il a une portée générale. Il est obligatoire dans tous ses éléments et il est directement applicable dans tout État membre ;
- ***la directive*** : elle lie tout État membre destinataire quant au résultat à atteindre, tout en laissant aux instances nationales la compétence quant à la forme et aux moyens ;
- ***la décision*** : elle est obligatoire dans tous ses éléments. Si la décision désigne des destinataires, elle n'est obligatoire que pour ceux-ci ;
- ***la recommandation et l'avis*** : ils ne lient pas les États membres.

Une hiérarchie des normes européennes est instaurée par l'établissement d'une distinction entre :

Les actes législatifs

Les actes juridiques adoptés par procédure législative constituent des actes législatifs. Ils sont adoptés par :

- ***la procédure législative ordinaire*** : le Parlement européen et le Conseil adoptent conjointement un règlement, une directive ou une décision, sur proposition de la Commission ;
- ***la procédure législative spéciale*** : le Parlement européen avec la participation du Conseil ou celui-ci avec la participation du Parlement européen adopte, dans les cas spécifiques prévus par les traités, un règlement, une directive ou une décision.

Certains actes peuvent être adoptés sur initiative d'un groupe d'États membres ou du Parlement européen, sur recommandation de la Banque centrale européenne ou sur demande de la Cour de justice ou de la Banque européenne d'investissement.

Les actes délégués

Un acte législatif peut déléguer à la Commission le pouvoir d'adopter des actes non législatifs de portée générale (sous la forme de règlement, de directive et de décision) ***qui complètent ou modifient certains éléments non essentiels de l'acte législatif***. Il délimite explicitement les objectifs, le contenu, la portée et la durée de la délégation de pouvoir ainsi que les conditions auxquelles la délégation est soumise.

Les éléments essentiels d'un domaine ne peuvent pas faire l'objet d'une délégation de pouvoir.

L'adjectif délégué est inséré dans l'intitulé des actes délégués.

Les actes d'exécution

Par principe, la mise en œuvre du droit européen sur le territoire des États membres appartient aux États membres.

Cependant, ***les mesures européennes qui nécessitent une mise en œuvre uniforme dans les États membres autorisent directement la Commission européenne à adopter des actes d'éxecution***.

Le Parlement européen et le Conseil, statuant par voie de règlements conformément à la procédure législative ordinaire, établissent au préalable les règles et principes généraux relatifs aux modalités de contrôle par les États membres de l'exercice des compétences d'exécution par la Commission.

Le mot d'exécution est inséré dans l'intitulé des actes d'exécution.

PROCÉDURE LÉGISLATIVE ORDINAIRE

La procédure législative ordinaire donne le pouvoir au Parlement européen d'arrêter des actes conjointement avec le Conseil.

Son champ d'application concerne plus de 73 domaines.

Principaux domaines d'application de la procédure législative ordinaire	
• L'interdiction des discriminations • La libre circulation des citoyens de l'Union • La libre circulation des travailleurs • La procédure en matière de visa • La politique sociale • Les mesures en matière de l'emploi • La reconnaissance de diplômes • La formation professionnelle • Le marché intérieur • La politique commerciale commune • La protection des consommateur • La politique agricole. • L'égalité de rémunération pour un même travail • L'éducation, la culture, le sport, le tourisme • La politique des transports y compris le transport aérien • Les réseaux transeuropéens • Les mesures dans le domaine de la protection de l'environnement • Les mesures relatives à l'énergie • Les mesures relatives aux contrôles aux frontières, à l'asile et à l'immigration • La coopération judiciaire dans les matières civiles ayant une incidence transfrontière • Les mesures relatives à la coopération judiciaire en matière pénale	• Les mesures relatives à la coopération policière • La recherche • La politique spatiale européenne • La coopération au développement • Les mesures nécessaires à l'usage de l'euro • La mise en œuvre du Fonds social et du Fonds régional • La coopération douanière • La coopération administrative • L'administration européenne • La protection de la santé, les mesures dans les domaines vétérinaire et phytosanitaire • La lutte contre la fraude • La coopération économique, financière et technique avec les pays tiers • L'aide humanitaire • La protection civile • Le budget européen • Le contrôle de l'exercice des compétences d'exécution par la Commission européenne • La Cour de justice de l'Union européenne • Les principes régissant l'accès aux documents • La statistique communautaire • La protection des personnes à l'égard du traitement des données • …

La procédure pour l'adoption d'un acte est la suivante (voir également le schéma page 30) :

→ ***La Commission européenne présente une proposition*** au Parlement européen et au Conseil.

1re lecture

→ ***Le Parlement européen arrête sa position*** en 1re lecture et la transmet au Conseil.

→ ***Le Conseil*** :

- ***approuve la position du Parlement européen***, l'acte concerné est adopté dans la formulation arrêtée par le Parlement européen ;
- ***n'approuve pas la position du Parlement européen***, il adopte sa position en 1re lecture et la transmet au Parlement européen en l'informant des raisons de sa position. La Commission informe le Parlement européen de sa position.

2e lecture

→ Si, dans un ***délai de 3 mois*** après transmission de la position du Conseil, ***le Parlement européen*** :

- ***approuve*** la position du Conseil ou ne s'est pas prononcé, l'acte concerné est réputé adopté dans la formulation arrêtée par le Conseil ;
- ***rejette***, à la majorité des membres qui le composent, la position du Conseil, l'acte proposé est réputé non adopté ;
- ***propose***, à la majorité des membres qui le composent, des amendements à la position du Conseil, le texte ainsi amendé est transmis au Conseil et à la Commission qui émet un avis sur ces amendements.

→ Si, dans un ***délai de 3 mois*** après réception des amendements du Parlement européen, ***le Conseil***, statuant à la majorité qualifiée :

- ***approuve*** tous les amendements du Parlement européen, l'acte concerné est réputé adopté ;
- ***n'approuve pas*** tous les amendements, le président du Conseil, en accord avec le président du Parlement européen, convoque le comité de conciliation dans un délai de 6 semaines.

Le Conseil statue à l'unanimité sur les amendements ayant fait l'objet d'un avis négatif de la Commission.

Conciliation

→ ***Le comité de conciliation***, qui réunit les membres du Conseil ou leurs représentants et autant de membres représentant le Parlement européen, a pour mission d'***aboutir à un accord sur un projet commun*** à la majorité qualifiée des membres représentant le Conseil et à la majorité des membres représentant le Parlement européen dans un ***délai de 6 semaines*** à partir de sa convocation, ***sur la base des positions du Parlement européen et du Conseil en 2e lecture***.

La Commission participe aux travaux du comité et prend toute initiative nécessaire en vue de promouvoir un rapprochement des positions du Parlement européen et du Conseil.

→ Si, ***dans un délai de 6 semaines*** après sa convocation, ***le comité de conciliation n'approuve pas de projet commun***, l'acte proposé est réputé non adopté.

3e lecture

Si, ***dans le délai de 6 semaines, le comité approuve un projet commun***, le Parlement européen et le Conseil disposent chacun d'un délai de 6 semaines à compter de cette approbation pour adopter l'acte concerné conformément à ce projet :

- ***le Parlement européen*** statuant à la majorité des suffrages exprimés et le Conseil à la majorité qualifiée ***approuvent le projet commun*** : l'acte proposé est réputé adopté dans la formulation arrêtée par le Comité de conciliation ;
- ***le Parlement européen*** statuant à la majorité des suffrages exprimés et/ou le Conseil à la majorité qualifiée ***n'approuvent pas le projet commun*** : l'acte proposé est réputé non adopté.

Les délais de 3 mois et de 6 semaines sont prolongés respectivement d'un mois et de 2 semaines au maximum à l'initiative du Parlement européen ou du Conseil.

PROCÉDURE LÉGISLATIVE SPÉCIALE

La procédure législative spéciale consiste en ***l'adoption***, dans les cas prévus par les traités, ***d'un règlement, d'une directive ou d'une décision par le Parlement européen avec la participation du Conseil ou par celui-ci avec la participation du Parlement européen*** qui doit soit donner son avis, soit donner son approbation.

La clause passerelle : le Conseil européen peut adopter une décision autorisant l'adoption par la procédure législative ordinaire d'actes législatifs devant être adoptés par une procédure législative spéciale. Il statue à l'unanimité, après approbation du Parlement européen, qui se prononce à la majorité des membres qui le composent.

PROCÉDURE D'APPROBATION

La procédure d'approbation implique pour le Conseil européen ou le Conseil d'obtenir, dans les domaines définis par les traités, l'accord du Parlement européen avant de procéder à l'adoption d'une décision.

Le Parlement européen se prononce à la majorité des membres qui le composent. Si la majorité requise n'est pas atteinte, le Conseil européen ou le Conseil ne peuvent adopter la décision.

PROCÉDURE DE CONSULTATION

Dans certains cas, les traités imposent au Conseil de n'adopter une décision proposée par la Commission qu'après consultation du Parlement européen qui se prononce à la majorité des suffrages exprimés. Le Conseil n'est pas tenu de suivre son avis.

PROCÉDURE BUDGÉTAIRE

Cadre financier pluriannuel

Le cadre financier pluriannuel vise à assurer l'évolution ordonnée des dépenses de l'Union dans la limite de ses ressources propres. Il est établi pour une période ***d'au moins 5 années***.

Le Conseil, statuant à l'unanimité, après approbation du Parlement européen qui se prononce à la majorité de ses membres, adopte un règlement fixant le cadre financier pluriannuel.

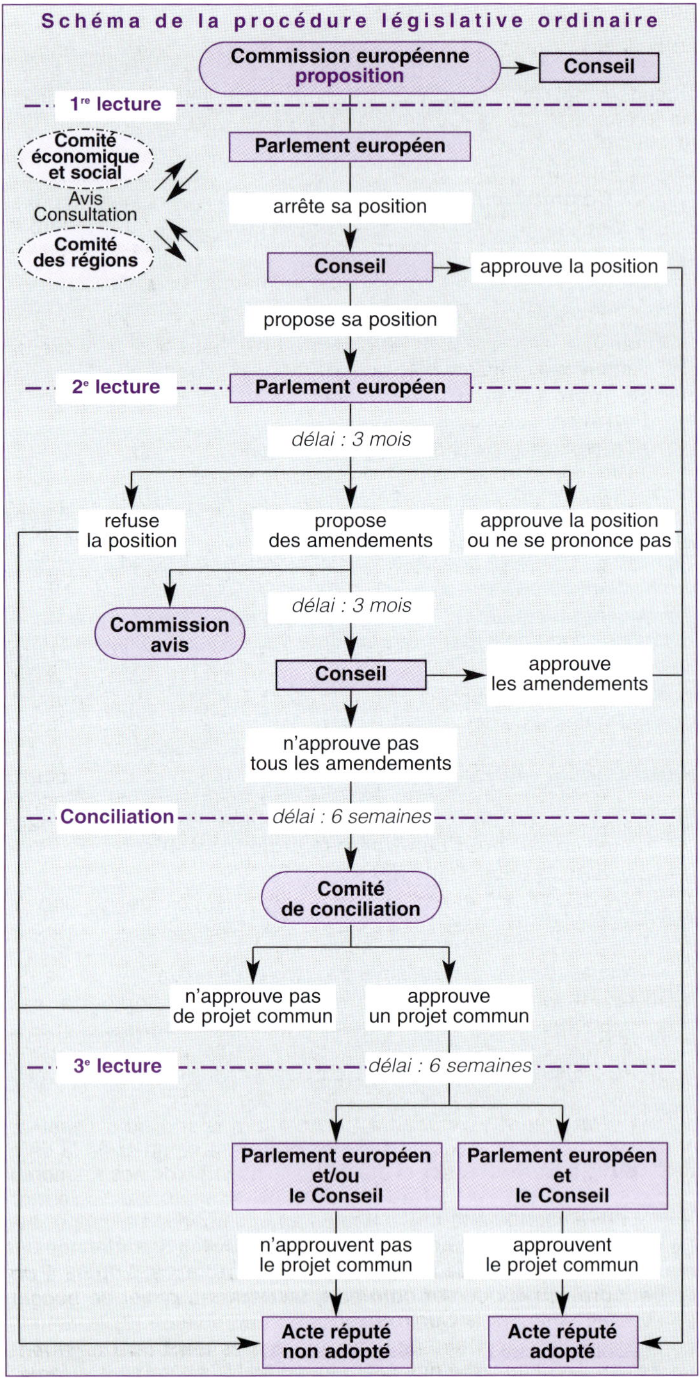
Schéma de la procédure législative ordinaire
Commission européenne
proposition
Conseil
1re lecture
Comité économique et social
Avis
Consultation
Comité des régions
Parlement européen
arrête sa position
Conseil
approuve la position
propose sa position
2e lecture
Parlement européen
délai : 3 mois
refuse la position
propose des amendements
approuve la position ou ne se prononce pas
Commission avis
délai : 3 mois
Conseil
approuve les amendements
n'approuve pas tous les amendements
Conciliation
délai : 6 semaines
Comité de conciliation
n'approuve pas de projet commun
approuve un projet commun
3e lecture
délai : 6 semaines
Parlement européen et/ou le Conseil
Parlement européen et le Conseil
n'approuvent pas le projet commun
approuvent le projet commun
Acte réputé non adopté
Acte réputé adopté

Budget annuel de l'Union européenne

Le budget annuel de l'Union respecte le cadre financier pluriannuel. Le Parlement européen et le Conseil, statuant conformément à une procédure législative spéciale, établissent le budget annuel de l'Union sur proposition de la Commission comprenant une prévision des recettes et des dépenses.

La procédure budgétaire est la suivante :

→ ***La Commission présente une proposition*** contenant le projet de budget au Parlement européen et au Conseil au plus tard le 1er septembre de l'année qui précède celle de son exécution.

Une seule lecture

→ ***Le Conseil adopte sa position*** sur le projet de budget et la transmet au Parlement européen au plus tard le 1er octobre de l'année qui précède celle de l'exécution du budget.

→ Si, ***dans un délai de 42 jours*** après cette transmission, le Parlement européen :

- ***approuve*** la position du Conseil, le budget est adopté ;
- ***n'a pas statué***, le budget est réputé adopté ;
- ***adopte***, à la majorité de ses membres, des amendements, les présidents des deux institutions convoquent sans délai le comité de conciliation, sauf si dans les 10 jours le Conseil informe le Parlement européen qu'il approuve tous ses amendements.

Conciliation

→ ***Le comité de conciliation*** a pour mission d'***aboutir***, sur la base des positions du Parlement européen et du Conseil, ***à un accord sur un projet commun***, dans un ***délai de 21 jours*** à partir de sa convocation. La Commission participe au comité en vue de rapprocher les positions des deux institutions.

→ Si, ***dans le délai de 21 jours, le comité parvient à un accord sur un projet commun***, le Parlement européen et le Conseil disposent chacun d'un ***délai de 14 jours*** à compter de la date de cet accord ***pour approuver le projet commun***.

→ Si, ***dans le délai de 14 jours*** :

- ***les deux institutions approuvent le projet*** ou ne parviennent pas à statuer, ou si l'une de ces institutions approuve le projet tandis que l'autre ne parvient pas à statuer, le budget est réputé adopté conformément au projet commun ;
- ***le Parlement européen***, statuant à la majorité de ses membres, ***et le Conseil rejettent tous deux le projet***, ou seul le Parlement européen le rejette, ou si l'une de ces institutions le rejette tandis que l'autre ne parvient pas à statuer, un nouveau projet de budget est présenté par la Commission ;
- ***le Parlement européen approuve le projet et le Conseil le rejette***, il peut, dans un délai de 14 jours à compter de la date du rejet par le Conseil et statuant à la majorité de ses membres et des 3/5 des suffrages exprimés, décider de confirmer l'ensemble ou une partie de ses amendements. Le budget est réputé définitivement adopté sur cette base.

→ Si, ***dans le délai de 21 jours, le comité ne parvient pas à un accord sur un projet commun***, un nouveau projet de budget est présenté par la Commission.

→ Lorsque la procédure est achevée, ***le président du Parlement européen constate que le budget est définitivement adopté***.

8 LES ORGANES CONSULTATIFS

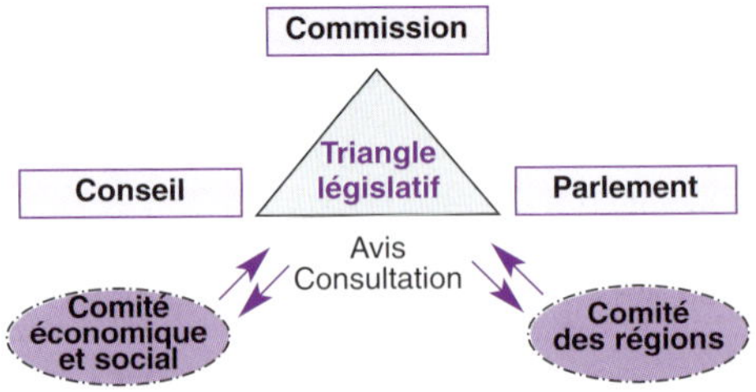

Le Parlement européen, le Conseil et la Commission sont assistés d'un Comité économique et social et d'un Comité des régions exerçant des fonctions consultatives. Leur siège se trouve à Bruxelles.

COMITÉ ÉCONOMIQUE ET SOCIAL

Composition du Comité économique et social

Le Comité économique et social est composé de représentants des organisations d'employeurs, de salariés et d'autres acteurs représentatifs de la société civile, en particulier dans les domaines socio-économique, civique, professionnel et culturel. Ils ne sont liés par aucun mandat impératif. Ils exercent leurs fonctions en pleine indépendance, dans l'intérêt général de l'Union.

Le nombre de membres du Comité ne dépasse pas 350. Le Conseil, statuant à l'unanimité, sur proposition de la Commission, adopte une décision fixant la composition du Comité (fixé à 344, il a été porté temporairement à 353 avec l'adhésion de la Croatie).

Nomination des membres du Comité économique et social

Le Conseil adopte, après consultation de la Commission, la liste des membres établie conformément aux propositions faites par chaque État membre. Le mandat est de ***5 ans***, renouvelable.

Le Conseil peut recueillir l'opinion des organisations européennes représentatives des différents secteurs économiques et sociaux, et de la société civile, concernés par l'activité de l'Union.

Organisation du Comité économique et social

Le Comité désigne parmi ses membres son président et son bureau pour une durée de 2,5 ans. Il établit son règlement intérieur.

Le Comité est ***convoqué par son président à la demande du Parlement européen, du Conseil ou de la Commission***. Il peut également se réunir de sa propre initiative.

Attributions du Comité économique et social

- ***Être consulté par le Parlement européen, le Conseil ou la Commission*** dans les cas prévus aux traités. Ces institutions peuvent lui impartir un délai pour présenter son avis à l'expiration duquel il peut être passé outre à l'absence d'avis.
- ***Être consulté par ces institutions*** dans tous les cas où elles le jugent opportun.
- ***Prendre l'initiative d'émettre un avis*** dans les cas où il le juge opportun.

L'avis du Comité, ainsi qu'un compte rendu des délibérations, sont transmis au Parlement européen, au Conseil et à la Commission.

COMITÉ DES RÉGIONS

Composition du Comité des régions

Le Comité des régions est composé de représentants des collectivités régionales et locales qui sont soit titulaires d'un mandat électoral au sein d'une collectivité régionale ou locale, soit politiquement responsables devant une assemblée élue.

Ils ne sont liés par aucun mandat impératif. Ils exercent leurs fonctions en pleine indépendance, dans l'intérêt général de l'Union.

Le nombre de membres du Comité ne dépasse pas 350. Le Conseil, statuant à l'unanimité, sur proposition de la Commission, adopte une décision fixant la composition du Comité (fixé à 344, il a été porté temporairement à 353 avec l'adhésion de la Croatie).

Nomination des membres du Comité des régions

Le Conseil adopte la liste des membres et des suppléants en nombre égal établie conformément aux propositions faites par chaque État membre. Le mandat est de ***5 ans***, renouvelable.

À l'échéance du mandat électoral en vertu duquel ils ont été proposés, le mandat des membres du Comité des régions prend fin d'office et ils sont remplacés pour la période restante dudit mandat selon la même procédure.

Les membres du Comité ne peuvent pas être simultanément membres du Parlement européen.

Organisation du Comité des régions

Le Comité désigne parmi ses membres son président et son bureau pour une durée de 2,5 ans. Il établit son règlement intérieur.

Le Comité est ***convoqué par son président à la demande du Parlement européen, du Conseil ou de la Commission***. Il peut également se réunir de sa propre initiative.

Attributions du Comité des régions

- ***Être consulté par le Parlement européen, le Conseil ou la Commission*** dans les cas prévus aux traités et dans tous les autres cas, en particulier lorsqu'ils ont trait à la coopération transfrontière. Ces institutions peuvent lui impartir un délai pour présenter son avis à l'expiration duquel il peut être passé outre à l'absence d'avis.
- ***Être consulté par ces institutions*** dans tous les cas où elles le jugent opportun.
- ***Être informé par ces institutions de leur demande d'avis du Comité économique et social***. Il peut, lorsqu'il estime que des intérêts régionaux spécifiques sont en jeu, émettre un avis à ce sujet.
- ***Prendre l'initiative d'émettre un avis*** dans les cas où il le juge opportun.
- ***Saisir la Cour de justice de l'Union européenne*** :
  - en cas de violation du principe de subsidiarité contre des actes législatifs pour l'adoption desquels il est obligatoirement consulté ;
  - pour défendre ses propres prérogatives.

L'avis du Comité, ainsi qu'un compte rendu des délibérations, sont transmis au Parlement européen, au Conseil et à la Commission.

9 La Cour de justice de l'Union européenne

LA COUR DE JUSTICE DE L'UNION EUROPÉENNE		
La Cour de justice	Le Tribunal	Des tribunaux spécialisés

Rôle de la Cour de justice de l'Union européenne

La Cour de justice de l'Union européenne comprend la Cour de justice, le Tribunal et des tribunaux spécialisés dont le siège est à Luxembourg.

Elle ***assure le respect du droit dans l'interprétation et l'application des traités***. Elle interprète la législation européenne de manière à garantir une application uniforme du droit dans tous les États membres.

La Cour de justice

Composition de la Cour de justice

La Cour de justice comprend :

- ***un juge par État membre*** ;
- ***8 avocats généraux*** : 5 avocats généraux permanents attribués à l'Allemagne, la France, l'Italie, l'Espagne et le Royaume-Uni et 3 avocats généraux attribués selon un système de rotation aux autres États membres.

Dans une déclaration annexée au Traité de Lisbonne, il est prévu que si la Cour de justice demande que le nombre d'avocats généraux soit augmenté de 3 personnes, le Conseil, statuant à l'unanimité, marquera son accord sur cette augmentation. Dans ce cas, la Pologne disposera d'un avocat général permanent et le système actuel de rotation comprendra 5 avocats généraux au lieu de 3.

Nomination des membres de la Cour de justice

Les juges et les avocats généraux de la Cour de justice sont ***nommés d'un commun accord par les gouvernements des États membres***. Le mandat est de ***6 ans***, renouvelable.

Ils sont choisis :

- ***parmi des personnalités*** offrant toutes garanties d'indépendance et qui réunissent les conditions requises pour l'exercice, dans leurs pays respectifs, des plus hautes fonctions juridictionnelles, ou qui sont des jurisconsultes possédant des compétences notoires ;
- ***après consultation d'un comité*** composé de 7 personnalités, désignés par le Conseil, choisies parmi d'anciens membres de la Cour de justice et du Tribunal, des membres des juridictions nationales suprêmes et des juristes possédant des compétences notoires, dont l'un est proposé par le Parlement européen.

Un ***renouvellement partiel*** des juges et des avocats généraux a lieu ***tous les 3 ans***.

Organisation de la Cour de justice

La Cour de justice siège en chambres, en grande chambre ou en assemblée plénière. Les juges désignent parmi eux, pour 3 ans, le président de la Cour de justice. Son mandat est renouvelable.

Elle établit son règlement de procédure. Il est soumis à l'approbation du Conseil.

Compétences de la Cour de justice

- ***Contrôler la légalité des actes législatifs, des actes des institutions, organes ou organismes de l'Union***, autres que les recommandations et les avis, destinés à produire des effets juridiques à l'égard des tiers :
  - elle se prononce sur ***les recours en annulation*** formés par un État membre, le Parlement européen, le Conseil ou la Commission ;
  - elle se prononce sur les recours formés par la Cour des comptes, par la Banque centrale européenne et par le Comité des régions qui tendent à la sauvegarde des prérogatives de ceux-ci.
- ***Contrôler la légalité de l'inaction du Parlement européen, du Conseil européen, du Conseil, de la Commission, de la Banque centrale européenne et des organes ou des organismes de l'Union*** : elle se prononce sur les recours en carence formés par les États membres et les autres institutions de l'Union.
- ***Statuer, à titre préjudiciel, sur l'interprétation des traités et sur la validité et l'interprétation des actes pris par les institutions, organes ou organismes de l'Union*** : lorsqu'une telle question est soulevée devant une juridiction d'un des États membres, cette juridiction peut, si elle estime qu'une décision sur ce point est nécessaire pour rendre son jugement, demander à la Cour de justice de statuer sur cette question (***renvoi préjudiciel***). Si la décision n'est pas susceptible d'un recours juridictionnel de droit interne, elle est tenue de saisir la Cour de justice.

  Si une telle question est soulevée dans une affaire pendante devant une juridiction nationale concernant une personne détenue, elle statue dans les plus brefs délais.
- ***Reconnaître qu'un État membre a manqué à une des obligations qui lui incombent en vertu des traités*** : elle se prononce sur ***les recours en manquement*** formés par la Commission ou un État membre. Si l'État membre concerné n'a pas pris les mesures que comporte l'exécution de son arrêt ou a manqué à son obligation de communiquer les mesures de transposition d'une directive, la Cour de justice peut lui infliger le paiement d'une somme forfaitaire ou d'une astreinte dans la limite du montant indiqué par la Commission.
- ***Vérifier***, à la demande de l'État membre concerné, ***la régularité de la procédure sanctionnant un État membre pour violation ou risque de violation grave et persistante des valeurs européennes***.
- ***Contrôler le respect de la légalité des mesures restrictives à l'encontre de personnes physiques ou morales*** adoptées par le Conseil sur la base de la politique étrangère et de sécurité commune.
- ***Être saisie de pourvois*** limités aux questions de droit contre les arrêts et ordonnances ***prononcés par le Tribunal*** ou ***de réexamen de décisions du Tribunal sur des recours formés contre les décisions des tribunaux spécialisés***.

LE TRIBUNAL

Composition du Tribunal

Le nombre des juges du Tribunal est fixé par le statut de la Cour de justice qui peut aussi prévoir que le Tribunal est assisté d'avocats généraux.

Le Tribunal compte ***un juge par État membre***.

Ils sont ***nommés d'un commun accord par les gouvernements des États membres***. Le mandat est de ***6 ans***, renouvelable. Ils sont choisis parmi les personnes offrant toutes les garanties d'indépendance et possédant la capacité requise pour l'exercice de hautes fonctions juridictionnelles, après consultation du comité. Un renouvellement partiel a lieu tous les 3 ans.

Les juges désignent parmi eux, pour 3 ans, le président du Tribunal. Son mandat est renouvelable.

Il établit son règlement de procédure en accord avec la Cour de justice. Il est soumis à l'approbation du Conseil.

Compétences du Tribunal

Le Tribunal est compétent pour connaître en première instance :

- ***tout recours en annulation formé par une personne physique ou morale*** contre les actes des institutions, organes ou organismes de l'Union dont elle est le destinataire ou qui la concernent directement et individuellement, ainsi que contre les actes réglementaires qui la concernent directement et qui ne comportent pas de mesures d'exécution ;
- ***tout recours en carence formé par une personne physique ou morale*** pour faire grief à l'une des institutions, ou à l'un des organes ou organismes de l'Union d'avoir manqué de lui adresser un acte autre qu'une recommandation ou un avis ;
- ***tout recours visant à obtenir réparation des dommages causés par les institutions de l'Union ou leurs agents*** dans l'exercice de leurs fonctions ;
- ***tout recours se fondant sur une clause compromissoire contenue dans un contrat*** de droit public ou de droit privé ***passé par l'Union ou pour son compte*** ;
- ***tout recours formé par un État membre contre la Commission européenne*** ;
- ***tout recours formé par un État membre contre le Conseil*** concernant les actes pris ***dans le domaine des aides d'État, les mesures de défense commerciale*** (dumping) et ***les actes par lesquels il exerce des compétences d'exécution*** ;
- ***tout recours se fondant sur des contrats passés par l'Union européenne, qui prévoient expressément sa compétence*** ;
- ***tout recours en matière de marque communautaire*** ;
- ***tout recours formé contre les décisions des tribunaux spécialisés*** ;
- ***des questions préjudicielles*** dans des matières spécifiques déterminées par le statut de la Cour de justice.

La Cour de justice peut prévoir que le Tribunal est compétent pour d'autres catégories de recours.

Lorsque le Tribunal estime que l'affaire appelle une décision de principe susceptible d'affecter l'unité ou la cohérence du droit de l'Union, il peut renvoyer l'affaire devant la Cour de justice afin qu'elle statue.

Les décisions rendues peuvent faire l'objet devant la Cour de justice :

- ***d'un pourvoi***, limité aux questions de droit ;
- ***d'un réexamen*** lorsqu'elles concernent des recours formés contre des décisions des tribunaux spécialisés ou des questions préjudicielles en cas de risque sérieux d'atteinte à l'unité ou à la cohérence du droit de l'Union.

LES TRIBUNAUX SPÉCIALISÉS

Tribunal de la fonction publique

→ ***Le Tribunal de la fonction publique est composé de 7 juges nommés par le Conseil, statuant à l'unanimité***. Le mandat est de 6 ans, renouvelable. Ils sont choisis parmi les personnes offrant toutes les garanties d'indépendance et possédant la capacité requise pour l'exercice de fonctions juridictionnelles.

Les juges du Tribunal de la fonction publique désignent leur président parmi eux, pour une période de 3 ans renouvelable.

Il établit son règlement de procédure en accord avec la Cour de justice. Il est soumis à l'approbation du Conseil.

→ ***Le Tribunal de la fonction publique est compétent pour connaître en première instance*** :

- tout litige entre l'Union européenne et ses agents ;
- tout litige entre un organe ou organisme et son personnel, pour lequel la compétence est attribuée à la Cour de justice.

Les décisions rendues peuvent faire l'objet, dans un délai de 2 mois, d'un pourvoi limité aux questions de droit devant le Tribunal.

Autres tribunaux spécialisés

Le Parlement européen et le Conseil, statuant conformément à la procédure législative ordinaire, peuvent créer des ***tribunaux spécialisés*** adjoints au Tribunal ***chargés de connaître en première instance de certaines catégories de recours formés dans des matières spécifiques***.

Le Parlement européen et le Conseil statuent par voie de règlements soit sur proposition de la Commission européenne et après consultation de la Cour de justice, soit sur demande de la Cour de justice et après consultation de la Commission européenne.

Le règlement portant création d'un tribunal spécialisé fixe les règles relatives à la composition de ce tribunal et précise l'étendue des compétences qui lui sont conférées.

Les membres des tribunaux spécialisés sont choisis parmi des personnes offrant toutes les garanties d'indépendance et possédant la capacité requise pour l'exercice de fonctions juridictionnelles. Ils sont nommés par le Conseil, statuant à l'unanimité.

Les décisions des tribunaux spécialisés peuvent faire l'objet devant le Tribunal :

- d'un pourvoi limité aux questions de droit ;
- d'un appel, si la décision portant création du tribunal spécialisé le prévoit, portant également sur les questions de fait.

Les tribunaux spécialisés établissent leur règlement de procédure en accord avec la Cour de justice. Il est soumis à l'approbation du Conseil.

10 La Cour des comptes

RÔLE DE LA COUR DES COMPTES

La Cour des comptes ***assure le contrôle des comptes de l'Union européenne***.

Elle établit son règlement intérieur. Celui-ci est soumis à l'approbation du Conseil. Son siège se trouve à Luxembourg.

COMPOSITION DE LA COUR DES COMPTES

La Cour des comptes est composée d'***un ressortissant de chaque État membre***. Ses membres exercent leurs fonctions en pleine indépendance, dans l'intérêt général de l'Union.

Les membres de la Cour des comptes sont :

- ***nommés pour 6 ans***. Le Conseil, après consultation du Parlement européen, adopte la liste des membres établie conformément aux propositions faites par chaque État membre. Le mandat des membres de la Cour des comptes est renouvelable ;
- ***choisis parmi des personnalités*** appartenant ou ayant appartenu dans leur État respectif aux institutions de contrôle externe ou possédant une qualification particulière pour cette fonction. Ils doivent offrir toutes garanties d'indépendance.

La Cour des comptes désigne parmi ses membres son président. Son mandat est de 3 ans, renouvelable.

Dans l'accomplissement de leurs devoirs, les membres de la Cour des comptes ne sollicitent ni n'acceptent d'instructions d'aucun gouvernement ni d'aucun organisme. Ils s'abstiennent de tout acte incompatible avec le caractère de leurs fonctions.

COMPÉTENCES DE LA COUR DES COMPTES

- ***Examiner les comptes de la totalité des recettes et dépenses de l'Union*** ainsi que de tout organe ou organisme créé par l'Union dans la mesure où l'acte de fondation n'exclut pas cet examen.
- ***Examiner la légalité et la régularité des recettes et dépenses et s'assure de la bonne gestion financière***. Ce faisant, elle signale en particulier toute irrégularité.

  Le contrôle a lieu sur pièces et, au besoin, sur place auprès des autres institutions de l'Union, dans les locaux de tout organe ou organisme gérant des recettes ou des dépenses au nom de l'Union et dans les États membres, y compris dans les locaux de toute personne physique ou morale bénéficiaire de versements provenant du budget.
- ***Établir un rapport annuel après la clôture de chaque exercice***. Ce rapport est transmis aux autres institutions de l'Union et publié au Journal officiel de l'Union européenne, accompagné des réponses desdites institutions à ses observations.
- ***Présenter à tout moment ses observations***, notamment sous forme de rapports spéciaux, sur des questions particulières et rendre des avis à la demande d'une des autres institutions de l'Union.
- ***Assister le Parlement européen et le Conseil dans l'exercice de leur fonction de contrôle de l'exécution du budget***.

11 La Banque centrale européenne

LA BANQUE CENTRALE EUROPÉENNE (BCE)

La BCE a la personnalité juridique. Son siège se trouve à Francfort.

La BCE est ***indépendante dans l'exercice de ses pouvoirs et dans la gestion de ses finances***. Les institutions, organes et organismes de l'Union européenne ainsi que les gouvernements des États membres respectent cette indépendance.

Les organes de décision de la BCE sont :

- ***le conseil des gouverneurs*** : il se compose des membres du directoire de la BCE et des gouverneurs des banques centrales nationales des États membres dont la monnaie est l'euro.

  Le président du Conseil et un membre de la Commission peuvent participer sans voix délibérative à ses réunions. Le président du Conseil peut soumettre une motion à sa délibération ;
- ***le directoire*** : il se compose du président de la BCE, du vice-président et de 4 autres membres. Ils sont nommés par le Conseil européen, statuant à la majorité qualifiée, sur recommandation du Conseil et après consultation du Parlement européen et du conseil des gouverneurs, parmi des personnes dont l'autorité et l'expérience professionnelle dans le domaine monétaire ou bancaire sont reconnues. Le mandat est de 8 ans, non renouvelable.

La BCE adopte les mesures nécessaires à l'accomplissement des missions du Système européen de banques centrales (SEBC) et de l'Eurosystème.

Dans les domaines relevant de ses attributions, la BCE est consultée sur tout projet d'acte de l'Union européenne, ainsi que sur tout projet de réglementation au niveau national, et peut soumettre des avis.

La BCE adresse un rapport annuel sur les activités du SEBC et sur la politique monétaire de l'année précédente et de celle en cours au Parlement européen, au Conseil et à la Commission, ainsi qu'au Conseil européen. Son président présente ce rapport au Conseil et au Parlement européen, qui peut tenir un débat général sur cette base.

LE SYSTÈME EUROPÉEN DE BANQUES CENTRALES

La BCE et les banques centrales nationales constituent le Système européen de banques centrales (SEBC).

SYSTÈME EUROPÉEN DE BANQUES CENTRALES (SEBC)
Banque centrale européenne
Banques centrales nationales

Le SEBC est dirigé par les organes de décision de la BCE.

Le SEBC a pour objectif principal de ***maintenir la stabilité des prix***. Il apporte son soutien aux politiques économiques générales dans l'Union, en vue de contribuer à la réalisation des objectifs de l'Union.

Les missions fondamentales relevant du SEBC consistent à :

- ***définir*** et ***mettre en œuvre*** la politique monétaire de l'Union ;
- ***conduire*** les opérations de change ;
- ***détenir*** et ***gérer*** les réserves de change des États membres ;
- ***promouvoir*** le bon fonctionnement des systèmes de paiement.

Pour l'accomplissement des missions qui sont confiées au SEBC, la BCE arrête des règlements, prend des décisions et émet des recommandations et des avis.

Le président de la BCE est invité à participer aux réunions du Conseil lorsque celui-ci délibère sur des questions relatives aux objectifs et aux missions du SEBC.

€ EUROSYSTÈME €
Banque centrale européenne
Banques centrales nationales des États membres dont la monnaie est l'euro Depuis 2015, la zone euro regroupe 19 États membres : Allemagne, Autriche, Belgique, Chypre, Espagne, Estonie, Finlande, France, Grèce, Irlande, Italie, Lettonie, Lituanie, Luxembourg, Malte, Pays-Bas, Portugal, Slovaquie et Slovénie.

L'EUROSYSTÈME

La BCE et les banques centrales nationales des États membres dont la monnaie est l'euro, qui constituent ***l'Eurosystème, conduisent la politique monétaire de l'Union***.

Les États membres qui n'ont pas adopté l'euro gardent leur compétence dans le domaine monétaire.

La BCE est seule habilitée à autoriser l'émission de l'euro.

Sans préjudice des attributions de la BCE, le Parlement européen et le Conseil, statuant conformément à la procédure législative ordinaire, établissent les mesures nécessaires à l'usage de l'euro en tant que monnaie unique.

Pour contribuer au bon fonctionnement de l'Union économique et monétaire et assurer la place de l'euro dans le système monétaire international, le Conseil, sur proposition de la Commission, adopte :

- des mesures concernant les États membres dont la monnaie est l'euro pour :
  - renforcer la coordination et la surveillance de leur discipline budgétaire ;
  - élaborer, pour ce qui les concerne, les orientations de politique économique, en veillant à ce qu'elles soient compatibles avec celles qui sont adoptées pour l'ensemble de l'Union, et en assurer la surveillance ;
- une décision établissant les positions communes concernant les questions qui revêtent un intérêt particulier pour l'Union économique et monétaire au sein des institutions et des conférences financières internationales compétentes.

Seuls les membres du Conseil représentant les États membres dont la monnaie est l'euro prennent part au vote à la majorité qualifiée : au moins 55 % des États membres de la zone euro, réunissant au moins 65 % de la population de cette zone (minorité de blocage : au moins le nombre minimum des États membres de la zone euro représentant plus de 35 % de la population de cette zone, plus un État).

Eurogroupe : les ministres des finances des États dont la monnaie est l'euro se réunissent entre eux de façon informelle pour discuter de questions liées aux responsabilités spécifiques qu'ils partagent en matière de monnaie unique. Ils élisent, parmi eux, à la majorité un président pour 2,5 ans.

12 LE RÔLE DES PARLEMENTS NATIONAUX

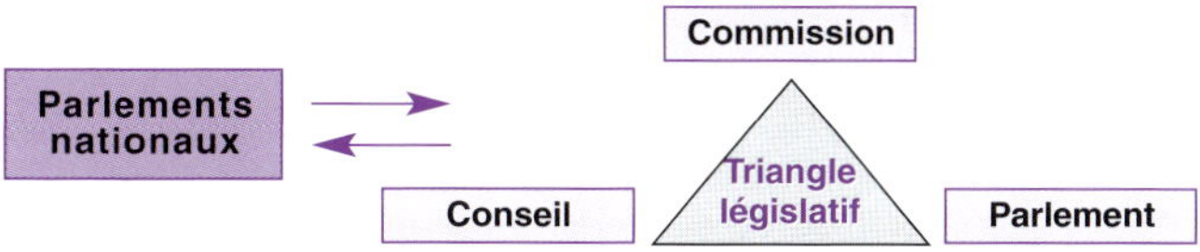

DOMAINES CONCERNANT LES PARLEMENTS NATIONAUX

Les parlements nationaux contribuent activement au bon fonctionnement de l'Union :

- ***en étant informés par les institutions de l'Union*** et en recevant notification ***des projets d'actes législatifs européens*** ;
- ***en veillant au respect du principe de subsidiarité*** ;
- ***en participant aux mécanismes d'évaluation de la mise en œuvre des politiques de l'Union dans le cadre de l'espace de liberté, de sécurité et de justice*** et en étant associés au contrôle politique d'Europol et à l'évaluation des activités d'Eurojust ;
- ***en étant informés par le Conseil européen***, au moins 6 mois avant, ***de son intention d'adopter une décision tendant à une révision des traités*** (*cf.* p. 44) ;
- ***en étant informés***, conjointement avec le Parlement européen, ***des demandes d'adhésion à l'Union*** (*cf.* p. 9) ;
- ***en participant à la coopération interparlementaire entre parlements nationaux et avec le Parlement européen***.

INFORMATION DES PARLEMENTS NATIONAUX

Les parlements nationaux sont informés de tout projet d'acte législatif :

- la Commission leur transmet ses projets d'actes législatifs en même temps qu'au Parlement européen et au Conseil ;
- le Parlement européen leur transmet ses projets d'actes législatifs ;
- le Conseil leur transmet les projets d'actes législatifs émanant d'un groupe d'États membres, de la Cour de justice, de la Banque centrale européenne ou de la Banque européenne d'investissement.

Dès leur adoption, les résolutions législatives du Parlement européen et les positions du Conseil sont transmises par ceux-ci aux parlements nationaux.

La Commission transmet aux parlements nationaux, lors de leur publication, les documents de consultation. Elle transmet également le programme législatif annuel ainsi que tout autre instrument de programmation législative ou de stratégie politique en même temps qu'elle les transmet au Parlement européen et au Conseil.

Le Conseil transmet aux parlements nationaux, en même temps qu'aux gouvernements des États membres, les ordres du jour et les résultats de ses sessions, y compris les procès-verbaux des sessions au cours desquelles il délibère sur des projets d'actes législatifs.

La Cour des comptes transmet à titre d'information son rapport annuel aux parlements nationaux, en même temps qu'au Parlement européen et au Conseil.

Lorsque le système parlementaire national n'est pas monocaméral, la transmission des informations s'appliquent aux chambres qui le composent.

CONTRÔLE DU PRINCIPE DE SUBSIDIARITÉ

Afin de permettre le contrôle du respect des principes de subsidiarité et de proportionnalité :

- ***tout projet d'acte législatif doit comporter*** une fiche contenant ***des éléments circonstanciés permettant d'apprécier le respect des principes de subsidiarité et de proportionnalité*** :
  - ***le principe de subsidiarité*** : dans les domaines qui ne relèvent pas de sa compétence exclusive, l'Union intervient seulement si, et dans la mesure où, les objectifs de l'action envisagée ne peuvent pas être atteints de manière suffisante par les États membres, tant au niveau central qu'au niveau régional et local, mais peuvent l'être mieux, en raison des dimensions ou des effets de l'action envisagée, au niveau de l'Union ;
  - ***le principe de proportionnalité*** : le contenu et la forme de l'action de l'Union n'excèdent pas ce qui est nécessaire pour atteindre les objectifs des traités ;
- ***un délai de 8 semaines est observé entre le moment où un projet d'acte législatif est mis à la disposition des parlements nationaux et la date à laquelle il est inscrit à l'ordre du jour provisoire du Conseil en vue de son adoption*** ou de l'adoption d'une position dans le cadre d'une procédure législative. Sauf dans des cas urgents dûment motivés :
  - aucun accord ne peut être constaté sur un projet d'acte législatif au cours de ces 8 semaines ;
  - un délai de 10 jours est observé entre l'inscription d'un projet d'acte législatif à l'ordre du jour provisoire du Conseil et l'adoption d'une position.

Tout parlement national ou toute chambre de l'un de ces parlements peut, dans le délai de 8 semaines, adresser aux présidents du Parlement européen, du Conseil et de la Commission un avis motivé exposant les raisons pour lesquelles il estime que le projet en cause n'est pas conforme au principe de subsidiarité.

Si le projet d'acte législatif émane d'un groupe d'États membres, de la Cour de justice, de la Banque centrale européenne ou de la Banque européenne d'investissement le président du Conseil leur transmet l'avis motivé.

Les institutions européennes, l'organe ou le groupe d'États membres concernés tiennent compte des avis motivés.

Dans le cadre de la procédure de contrôle de la subsidiarité, ***chaque parlement national dispose de 2 voix***, réparties en fonction du système parlementaire national. Dans un système parlementaire national bicaméral, chacune des deux chambres dispose d'une voix.

Deux situations se présentent :

- ***dans le cas où les avis motivés représentent au moins un 1/3 de l'ensemble des voix attribuées aux parlements nationaux***, le projet doit être réexaminé (seuil fixé à 1/4 lorsqu'il s'agit d'un projet d'acte législatif relatif à l'espace de liberté, de sécurité et de justice). À l'issue de ce réexamen, la Commission ou, le cas échéant, le groupe d'États membres, le Parlement européen, la Cour de justice, la Banque centrale européenne ou la Banque européenne d'investissement, si le projet d'acte législatif émane d'eux, peut décider, soit de maintenir le projet, soit de le modifier, soit de le retirer. Cette décision doit être motivée ;

- ***dans le cadre de la procédure législative ordinaire, si les avis motivés représentent au moins une majorité simple des voix attribuées aux parlements nationaux, la proposition doit être réexaminée***. À l'issue de ce réexamen, la Commission peut décider, soit de maintenir la proposition, soit de la modifier, soit de la retirer. Si elle choisit de la maintenir, la Commission doit, dans un avis motivé, justifier la raison pour laquelle elle estime que sa proposition est conforme au principe de subsidiarité. Cet avis motivé ainsi que les avis motivés des parlements nationaux sont soumis au législateur de l'Union afin d'être pris en compte dans le cadre de la procédure :
  - avant d'achever la première lecture, le Conseil et le Parlement européen examinent si la proposition législative est compatible avec le principe de subsidiarité, en tenant compte en particulier des motifs invoqués par les parlements nationaux ainsi que de l'avis motivé de la Commission,
  - si, en vertu d'une majorité de 55 % des membres du Conseil ou d'une majorité des suffrages exprimés au Parlement européen, le législateur est d'avis que la proposition n'est pas compatible avec le principe de subsidiarité, l'examen de la proposition législative n'est pas poursuivi.

Tout État membre peut, au nom de son parlement national ou d'une chambre de celui-ci formé, un recours auprès de la Cour de justice de l'Union européenne pour violation, par un acte législatif, du principe de subsidiarité.

CONTRÔLE DE LA COOPÉRATION JUDICIAIRE ET POLICIÈRE

Les parlements nationaux ***veillent***, à l'égard des propositions et initiatives législatives présentées ***dans le cadre de la coopération judiciaire en matière pénale et de la coopération policière, au respect du principe de subsidiarité***. Ils participent aux mécanismes d'évaluation de la mise en œuvre des politiques de l'Union dans le cadre de l'espace de liberté, de sécurité et de justice et sont informés sur les travaux du comité permanent chargé d'assurer à l'intérieur de l'Union la promotion et le renforcement de la coopération opérationnelle en matière de sécurité intérieure.

Les parlements nationaux sont associés au contrôle des activités d'Europol et à l'évaluation des activités d'Eurojust.

COOPÉRATION INTERPARLEMENTAIRE

Le Parlement européen et les parlements nationaux définissent ensemble l'organisation et la promotion d'une coopération interparlementaire efficace et régulière au sein de l'Union.

Une conférence des organes parlementaires spécialisés dans les affaires de l'Union peut soumettre toute contribution qu'elle juge appropriée aux institutions européennes. Elle promeut, en outre, l'échange d'informations et de meilleures pratiques entre le Parlement européen et les parlements nationaux, y compris entre leurs commissions spécialisées. Elle peut également organiser des conférences inter-parlementaires sur des thèmes particuliers (la politique étrangère et de sécurité commune, la politique de sécurité et de défense commune...). Les contributions de la conférence ne lient pas les parlements nationaux et ne préjugent pas de leur position.

13 La révision des traités

Procédure de révision ordinaire

Le gouvernement de tout État membre, le Parlement européen ou la Commission peut soumettre au Conseil un projet de révision des traités tendant à accroître ou à réduire les compétences attribuées à l'Union. Ils sont transmis par le Conseil au Conseil européen et notifiés aux parlements nationaux. Le Conseil européen peut :

- ***adopter à la majorité simple***, après consultation du Parlement européen et de la Commission ainsi que de la BCE dans le cas de modifications institutionnelles dans le domaine monétaire, une décision favorable à l'examen des modifications proposées. Le président du Conseil européen convoque une Convention composée de représentants des parlements nationaux, des chefs d'État ou de gouvernement des États membres, du Parlement européen et de la Commission. La Convention examine le projet de révision et adopte par consensus une recommandation à une Conférence des représentants des gouvernements des États membres ;
- ***décider à la majorité simple***, après approbation du Parlement européen, de ne pas convoquer de Convention lorsque l'ampleur des modifications ne le justifie pas. Dans ce dernier cas, le Conseil européen établit le mandat pour une Conférence des représentants des gouvernements des États membres.

La Conférence est convoquée par le président du Conseil en vue d'arrêter d'un commun accord les modifications à apporter aux traités.

Les modifications entrent en vigueur après ratification par tous les États membres conformément à leurs règles constitutionnelles respectives.

Procédures de révision simplifiées

Le gouvernement de tout État membre, le Parlement européen ou la Commission peut soumettre au Conseil européen un projet de révision de tout ou partie des dispositions des traités relatives aux politiques et actions internes de l'Union. Le Conseil européen peut adopter à l'unanimité, après consultation du Parlement européen et de la Commission ainsi que de la BCE dans le cas de modifications institutionnelles dans le domaine monétaire, une décision modifiant ces dispositions. La décision n'entre en vigueur qu'après son approbation par les États membres, conformément à leurs règles constitutionnelles respectives. Elle ne peut pas accroître les compétences attribuées à l'Union dans les traités.

Le Conseil européen peut adopter à l'unanimité, après approbation du Parlement européen, qui se prononce à la majorité des membres qui le composent, une décision autorisant :

- le Conseil à statuer à la majorité qualifiée dans un domaine ou dans un cas où l'unanimité était requise (à l'exception de ceux ayant des implications militaires ou dans le domaine de la défense) ;
- l'adoption d'actes législatifs conformément à la procédure législative ordinaire en lieu et place de la procédure législative spéciale.

La décision est transmise aux parlements nationaux. En cas d'opposition d'un parlement national notifiée dans un délai de 6 mois après cette transmission, la décision n'est pas adoptée. En l'absence d'opposition, le Conseil européen peut adopter ladite décision.

14 Les politiques de l'Union européenne

Coopération renforcée

Les États membres qui le souhaitent peuvent instaurer entre eux des coopérations renforcées dans le cadre des compétences non exclusives de l'Union visant à favoriser la réalisation des objectifs de l'Union, à préserver ses intérêts et à renforcer son processus d'intégration. Elles sont ouvertes à tout moment à tous les États membres.

La décision autorisant une ***coopération renforcée*** est adoptée par le Conseil en dernier ressort, lorsqu'il établit que les objectifs recherchés par cette coopération ne peuvent être atteints dans un délai raisonnable par l'Union dans son ensemble, et à condition qu'***au moins 9 États membres*** y participent. Le Conseil statue à la majorité qualifiée, sur proposition de la Commission et après approbation du Parlement européen. Tous les membres du Conseil peuvent participer à ses délibérations, mais seuls les membres représentant les États membres participant à une coopération renforcée prennent part au vote à la majorité qualifiée (*cf.* p. 17), sauf dans le domaine de la PESC où l'unanimité est requise (*cf.* p. 47).

Les actes adoptés dans ce cadre ne lient que les États membres participants. Ils ne sont pas considérés comme un acquis devant être accepté par les États candidats à l'adhésion à l'Union.

Politique économique et monétaire

Politique économique

Les États membres conduisent leurs politiques économiques en vue de contribuer à la réalisation des objectifs de l'Union et les coordonnent au sein du Conseil.

Le Conseil, sur la base de rapports présentés par la Commission, surveille l'évolution économique dans chacun des États membres et dans l'Union, ainsi que la conformité des politiques économiques avec sa recommandation fixant les grandes orientations des politiques économiques des États membres et de l'Union.

Dans le cadre de cette procédure de ***surveillance multilatérale*** :

- la Commission peut adresser un avertissement à l'État membre dont elle considère que les politiques économiques ne sont pas conformes aux grandes orientations ;
- le Conseil, sur recommandation de la Commission, peut adresser les recommandations nécessaires à l'État membre concerné. Le Conseil statue sans tenir compte du vote du membre du Conseil représentant l'État membre concerné.

Les États membres évitent les déficits publics excessifs. Le traité sur la stabilité, la coordination et la gouvernance (TSCG), appelé « *Pacte budgétaire européen* », prévoit que le déficit structurel doit être limité à 0,5 % du PIB (1 % si l'État à une dette publique inférieure à 60 % du PIB). Il prévoit aussi que, conformément au ***Pacte de stabilité et de croissance (PSC)***, le déficit annuel ordinaire doit être limité à 3 % du PIB.

La Commission surveille l'évolution de la situation budgétaire et du montant de la dette publique dans les États membres :

- ***si la Commission estime qu'il y a un déficit excessif*** dans un État membre ou qu'un tel déficit risque de se produire, elle adresse un avis à l'État membre concerné. Elle en informe le Conseil qui, sur la base de sa proposition, décide s'il y a ou non un déficit excessif. Il ne peut s'écarter de la proposition de la Commission qu'à l'unanimité ;

- si le Conseil décide qu'il y a un déficit excessif, il adopte, sur proposition de la Commission, les recommandations qu'il adresse à l'État membre concerné afin que celui-ci mette un terme à cette situation dans un délai donné. Le Conseil statue sans tenir compte du vote du membre du Conseil représentant l'État membre concerné.

Politique monétaire

L'Union, ayant établi une union économique et monétaire dont la monnaie est l'euro, ***a une compétence exclusive dans le domaine monétaire pour les États membres ayant adopté l'euro***. Les autres États conservent leur compétence dans le domaine monétaire.

Le Conseil adopte des mesures concernant les États membres de la zone euro destinées à renforcer la coordination et la surveillance de leur discipline budgétaire et à élaborer des orientations de politique économique compatibles avec celles qui sont adoptées pour l'ensemble de l'Union, et en assurer la surveillance. Seuls les membres du Conseil de la zone euro prennent part au vote.

Pour faire face à la crise de l'euro, le Conseil européen a institué un mécanisme destiné à préserver la stabilité financière de la zone euro : ***le Mécanisme européen de stabilité (MSE)***. L'octroi, au titre du MSE, de toute assistance financière nécessaire, notamment pour renflouer les banques en difficulté, se fait sous conditions.

COOPÉRATION JUDICIAIRE EN MATIÈRE CIVILE ET PÉNALE

L'Union constitue un ***espace de liberté, de sécurité et de justice*** dans le respect des droits fondamentaux et des différents systèmes et traditions juridiques des États membres. Elle assure l'absence de contrôles des personnes aux frontières intérieures et développe une politique commune en matière d'asile, d'immigration et de contrôle des frontières extérieures fondée sur la solidarité entre États membres et équitable à l'égard des ressortissants des pays tiers.

L'Union développe :

- ***une coopération judiciaire dans les matières civiles*** ayant une incidence transfrontière, fondée sur le principe de reconnaissance mutuelle des décisions judiciaires et extrajudiciaires. Elle peut inclure l'adoption de mesures de rapprochement des dispositions législatives et réglementaires des États membres ;
- ***une coopération judiciaire en matière pénale*** fondée sur le principe de reconnaissance mutuelle des jugements et décisions judiciaires. Elle inclut le rapprochement des dispositions législatives et réglementaires des États membres. Lorsqu'un membre du Conseil estime qu'un projet de directive porte atteinte aux aspects fondamentaux de son système de justice pénale, il peut demander que le Conseil européen soit saisi. Après discussion, et dans un délai de 4 mois :
  - en cas de consensus, le Conseil européen, renvoie le projet au Conseil et la procédure législative ordinaire peut continuer ;
  - en cas de désaccord, et si au moins 9 États membres souhaitent instaurer une coopération renforcée sur la base du projet de directive concerné, ils en informent le Parlement européen, le Conseil et la Commission. Dans un tel cas, l'autorisation de procéder à cette coopération est réputée accordée et les dispositions relatives à la coopération renforcée s'appliquent ;

↳ ***une coopération policière*** qui associe toutes les autorités compétentes des États membres, y compris les services de police, les services des douanes et autres services répressifs spécialisés dans les domaines de la prévention ou de la détection des infractions pénales et des enquêtes en la matière.

Le Conseil statue à l'unanimité, après consultation du Parlement européen, pour établir les mesures portant sur la coopération opérationnelle entre les autorités compétentes des États membres. En l'absence d'unanimité, un groupe d'au moins 9 États membres peut demander que le Conseil européen soit saisi de ce projet. Après discussion, et dans un délai de 4 mois :

- ***en cas de consensus***, le Conseil européen, renvoie le projet au Conseil, ce qui met fin à la suspension de la procédure législative spéciale ;
- ***en cas de désaccord***, et si au moins 9 États membres souhaitent instaurer une coopération renforcée sur la base du projet de mesures concerné, ils en informent le Parlement européen, le Conseil et la Commission. Dans un tel cas, l'autorisation de procéder à cette coopération est réputée accordée et les dispositions relatives à la coopération renforcée s'appliquent.

ACTION EXTÉRIEURE DE L'UNION

La compétence de l'Union en matière de politique étrangère et de sécurité commune (PESC) couvre tous les domaines de la politique étrangère ainsi que l'ensemble des questions relatives à la sécurité de l'Union, y compris la définition progressive d'une politique de défense commune qui peut conduire à une défense commune.

L'action de l'Union sur la scène internationale repose sur les principes suivants : la démocratie, l'État de droit, l'universalité et l'indivisibilité des droits de l'homme et des libertés fondamentales, le respect de la dignité humaine, les principes d'égalité et de solidarité et le respect des principes de la Charte des Nations unies et du droit international.

Politique étrangère et de sécurité commune (PESC)

La politique étrangère et de sécurité commune (PESC) ***est définie et mise en œuvre par le Conseil européen et le Conseil***, qui statuent à l'unanimité, sauf dans les cas où les traités en disposent autrement. L'adoption d'actes législatifs est exclue. Cette politique est exécutée par le Haut représentant de l'Union pour les affaires étrangères et la politique de sécurité et par les États membres.

Tout membre du Conseil qui s'abstient lors d'un vote dans ce domaine peut assortir son abstention d'une déclaration formelle. Dans ce cas, il n'est pas tenu d'appliquer la décision, mais il accepte que la décision engage l'Union. Dans un esprit de solidarité mutuelle, l'État membre concerné s'abstient de toute action susceptible d'entrer en conflit avec l'action de l'Union fondée sur cette décision ou d'y faire obstacle et les autres États membres respectent sa position. Si les membres du Conseil qui assortissent leur abstention d'une telle déclaration représentent au moins un tiers des États membres réunissant au moins un tiers de la population de l'Union, la décision n'est pas adoptée.

Une coopération renforcée est ouverte aux États membres qui souhaitent instaurer entre eux une coopération renforcée dans le cadre de la PESC. Ils adressent leur demande au Conseil. Celle-ci est transmise au Haut représentant et à la Commission pour avis. Elle est également transmise au Parlement européen pour information. L'autorisation de procéder à une coopération renforcée est accordée par une décision du Conseil, statuant à l'unanimité. Les dispositions relatives à la coopération renforcée s'appliquent.

Politique de sécurité et de défense commune (PSDC)

La politique de sécurité et de défense commune (PSDC) :

- ***assure à l'Union une capacité opérationnelle*** s'appuyant sur des moyens civils et militaires. L'Union peut y avoir recours dans des missions en dehors de l'Union afin d'assurer le maintien de la paix, la prévention des conflits et le renforcement de la sécurité internationale conformément aux principes de la Charte des Nations unies. L'exécution de ces tâches repose sur les capacités civiles et militaires fournies par les États membres ;
- ***inclut la définition progressive d'une politique de défense commune de l'Union***. Elle doit conduire à une défense commune, dès lors que le Conseil européen, statuant à l'unanimité, en décidera ainsi.

Les décisions relatives à la PSDC sont adoptées par le Conseil statuant à l'unanimité, sur proposition du Haut représentant ou sur initiative d'un État membre. Le Haut représentant peut proposer de recourir aux moyens nationaux ainsi qu'aux instruments de l'Union, le cas échéant conjointement avec la Commission.

Une coopération structurée permanente est ouverte aux États membres qui souhaitent s'engager à participer aux principaux programmes européens d'équipement militaire et à fournir des unités de combat immédiatement disponibles pour l'Union européenne. Ils notifient leur intention au Conseil et au Haut représentant. Dans un délai de 3 mois, le Conseil adopte une décision établissant la coopération structurée permanente et fixant la liste des États membres participants. Le Conseil statue à la majorité qualifiée, après consultation du Haut représentant.

L'Agence européenne de défense : les États membres s'engagent à améliorer progressivement leurs capacités militaires. À cet effet, l'Agence européenne de défense est chargée d'identifier les besoins opérationnels, de promouvoir des mesures pour les satisfaire, de contribuer à identifier et, le cas échéant, mettre en œuvre toute mesure utile pour renforcer la base industrielle et technologique du secteur de la défense, de participer à la définition d'une politique européenne des capacités et de l'armement, et d'assister le Conseil dans l'évaluation de l'amélioration des capacités militaires.

La clause de défense mutuelle : si l'un des États membres de l'Union fait l'objet d'une agression armée sur son territoire, les autres lui doivent aide et assistance par tous les moyens en leur pouvoir. Cela n'affecte pas le caractère spécifique de la politique de sécurité et de défense de certains États membres.

La clause de solidarité : si l'un des États membres de l'Union est l'objet d'une attaque terroriste ou la victime d'une catastrophe naturelle ou d'origine humaine, les autres lui portent assistance à la demande de ses autorités politiques. À cette fin, les États membres se coordonnent au sein du Conseil.

Cet ouvrage a été achevé d'imprimer dans les ateliers de Leitzaran (Espagne) -
Numéro d'impression : 532 - Dépôt légal : Août 2018